汽车车身钣金涂装与美容

吴 磊 编著

QICHECHESHEN
BANJINTUZHUANG
YU MEIRONG

化学工业出版社
·北京·

本书内容包括车身及钣金件整形、车身的涂装、车身的美容三部分，从汽车车身损伤的评估分析及维修方案的确定，到钣金维修、汽车喷涂、面漆涂装后的修整，详细讲述了汽车车身维修技术。书中图文对照，全彩色印刷，与实际应用紧密结合，并运用典型实例操作讲解，通俗易懂。

本书可供广大汽车行业从业者学习参考，也可供广大职业院校汽车专业及相关专业师生作为教材选用，并可作为相关行业的培训用书。

图书在版编目（CIP）数据

汽车车身钣金涂装与美容/吴磊编著. —北京：化学工业出版社，2019.10
ISBN 978-7-122-35019-0

Ⅰ.①汽⋯ Ⅱ.①吴⋯ Ⅲ.①汽车-车体-钣金工 ②汽车-车体-喷涂 Ⅳ.①U472.4

中国版本图书馆CIP数据核字（2019）第166008号

责任编辑：韩庆利
责任校对：宋 玮　　　　　　　　　　装帧设计：史利平

出版发行：化学工业出版社（北京市东城区青年湖南街13号　邮政编码100011）
印　　装：北京华联印刷有限公司
787mm×1092mm　1/16　印张13¾　字数319千字　2020年1月北京第1版第1次印刷

购书咨询：010-64518888　　　　售后服务：010-64518899
网　　址：http://www.cip.com.cn

凡购买本书，如有缺损质量问题，本社销售中心负责调换。

定　价：69.00元　　　　　　　　　　　　　　　　　　版权所有　违者必究

前言

  随着人民的生活水平不断提高，汽车工业的飞速发展，国内汽车保有量的急剧增长，汽车碰撞事故也呈快速上升趋势。据专业资料统计，汽车维修中的钣金、涂装和美容维修约占全部维修工作量的60%，而在国内汽车维修企业中，只有不到10%的企业具有维修大型事故车的能力，其余只能从事小型事故车的维修。随着这种趋势的发展，汽车钣金维修业务逐渐被看好，车辆被撞击受损之后，钣金维修、车身涂装及汽车美容工作也就随之开始了。

  从事故车进厂后的损伤分析到钣金维修人员的诊断测量，从"手术台"上的拉伸校正到焊机镐锤下的局部整修，从钣金件的修复到车辆的调试，到汽车车身颜色调漆、涂装及车身的美容，在各项工艺流程中，专业技术人员要用种类繁多、形式各异的设备工具，采用各种各样的检测维修技术，进行整形、涂装及美容，确保车辆在几何尺寸和使用性能方面恢复到原车水平，本书以事故车的专项修理过程为主线，逐项进行分析探讨，让大家深入了解汽车钣金、汽车底漆、原子灰、中涂底漆、面漆的施工及汽车美容的维修工艺，按照由浅入深原则编写，实际性操作按照具体操作顺序进行设计，符合维修人员认知习性及实际操作步骤。

  本书由吴磊编著，在写作过程中，得到淄博宝通宝马车辆有限公司钣喷技师潘少龙先生的大力支持，并提供大量的珍贵资料，在此表示感谢。

编著者

目录

第1篇　车身及钣金件整形

第1章　汽车车身损伤的评估分析及维修方案的确定　/2

1.1　车身的碰撞冲击力判断　/3
　　1.1.1　了解发生碰撞的实际情况　/3
　　1.1.2　分解碰撞力　/3
　　1.1.3　撞击力的传递　/3
1.2　目测诊断　/4
　　1.2.1　容易识别车身变形的部位　/4
　　1.2.2　检查车身部件的间隙和配合　/5
　　1.2.3　检查汽车惯性损伤　/7
1.3　确定维修方案　/7
　　1.3.1　应考虑的主要问题　/7
　　1.3.2　确定修复方案的原则　/7
　　1.3.3　维修方案对技术人员的要求　/8
　　1.3.4　车漆未受损伤的维修方案　/8
　　1.3.5　车身严重损坏的维修方案　/8

第2章　事故车身定位测量与校正　/10

2.1　事故车上车　/10
　　2.1.1　开车上平台　/10
　　2.1.2　拉车到平台　/10
2.2　车身定位　/11
　　2.2.1　非承载式车身汽车定位　/11
　　2.2.2　承载式车身汽车的定位　/12
2.3　车身测量　/12
　　2.3.1　安放测量横梁　/13
　　2.3.2　系统连接　/13
2.4　制订拉伸程序　/16
　　2.4.1　单向拉伸　/16
　　2.4.2　多点拉伸　/17
　　2.4.3　车身校正钣金工具的使用　/17
　　2.4.4　拉伸校正操作　/20
　　2.4.5　拉伸操作的注意事项　/22
2.5　车身损坏的校正　/23
　　2.5.1　车身前端损坏的校正　/23

  2.5.2　车身后部损坏的修复　　/ 26
  2.5.3　汽车侧面损坏的修复　　/ 27
 2.6　校正后的检查　　/ 30
 2.7　拉伸校正中的测量　　/ 31

第3章　钢钣件变形修复　　/ 32
 3.1　车门外板大面积凹陷损伤的修复　　/ 32
 3.2　车门槛板碰撞损伤修复　　/ 35

第4章　铝合金钣件变形修复　　/ 40
 4.1　采用传统钣金修复　　/ 40
 4.2　用铝外形修复机修复铝板凹陷　　/ 41
 4.3　免漆凹陷修复　　/ 44

第5章　电磁凹陷修复　　/ 45
 5.1　免漆凹陷修复基础　　/ 45
  5.1.1　凹陷修复的起源和优势　　/ 45
  5.1.2　免漆凹陷修复的范围　　/ 46
  5.1.3　不伤漆面凹陷的种类　　/ 47
 5.2　电磁凹陷修复　　/ 48
  5.2.1　电磁修复　　/ 48
  5.2.2　秒复仪　　/ 48
  5.2.3　秒复仪温控时间调节　　/ 48
 5.3　电磁凹陷对车身修复　　/ 48
  5.3.1　安装和调整　　/ 48
  5.3.2　秒复仪的基本操作　　/ 49

第6章　杠杆内支撑凹陷修复　　/ 50
 6.1　杠杆内支撑修复方式工作原理　　/ 50
 6.2　杠杆内支撑凹陷修复的操作　　/ 51
  6.2.1　清洁损伤漆面　　/ 51
  6.2.2　选择工具和选择进入内部的方式　　/ 51
  6.2.3　安装整平灯　　/ 52
  6.2.4　基本操作流程　　/ 53
 6.3　修复凸起　　/ 54
 6.4　凹陷修复后的漆面处理　　/ 54
  6.4.1　电磁整平　　/ 54
  6.4.2　漆面养护处理　　/ 54

第7章　强力胶粘凹陷修复　　/ 55

第8章　车身钣件的更换　　/ 57
 8.1　车身外覆件的更换　　/ 57
  8.1.1　车辆的准备　　/ 57
  8.1.2　新钣件的准备　　/ 57
  8.1.3　新钣件的更换　　/ 59
 8.2　车身结构性钣件更换　　/ 59

8.2.1 拆除旧的钣件　　/60
8.2.2 车身准备　　/60
8.2.3 车身结合面清洁　　/60
8.2.4 新钣件焊点位置定位　　/61
8.2.5 新钣件清洁　　/61
8.2.6 对准装配标记　　/61
8.2.7 暂时安装车身前横梁　　/62
8.2.8 初焊　　/62
8.2.9 固定水箱框架　　/62
8.2.10 调整尺寸　　/62
8.2.11 检查　　/63
8.2.12 核实所有尺寸　　/63
8.2.13 焊接　　/63
8.2.14 表面处理　　/64
8.2.15 装配与调整　　/64

第2篇　车身的涂装

第9章　车辆的清洗　　/66
9.1 场地和设备的准备　　/66
9.2 车辆清洗　　/66

第10章　表面预处理　　/70
10.1 不同损伤的处理　　/70
10.2 手工打磨旧漆膜　　/71
　　10.2.1 裁剪砂纸　　/71
　　10.2.2 砂纸的握法　　/71
　　10.2.3 磨块的握法　　/71
　　10.2.4 打磨技法　　/72
　　10.2.5 做羽状边　　/72
　　10.2.6 砂光　　/73
　　10.2.7 车身的清洁　　/73
10.3 用打磨机清除旧漆膜　　/74
　　10.3.1 干磨系统准备　　/74
　　10.3.2 打磨操作　　/75
　　10.3.3 检查砂纸　　/77
　　10.3.4 做羽状边　　/77
　　10.3.5 砂光　　/77
　　10.3.6 车身的清洁　　/78

第11章　车身及钣件底漆喷涂前的准备　　/79
11.1 钣件的遮盖　　/79
　　11.1.1 胶带的基本粘贴　　/79
　　11.1.2 装饰条与嵌条的遮盖　　/80
　　11.1.3 侧车窗的遮盖　　/80

11.1.4　前后风窗的遮盖　　/ 81
　　　11.1.5　车门洞遮盖　　/ 82
　　　11.1.6　保险杠的遮盖　　/ 83
　　　11.1.7　翼子板的遮盖　　/ 84
　　　11.1.8　车门的遮盖　　/ 85
　　　11.1.9　发动机罩的遮盖　　/ 87
　　　11.1.10　喷涂两种颜色时的遮盖　　/ 88
　　　11.1.11　反向遮盖　　/ 89
　11.2　除尘和除油　　/ 89
　　　11.2.1　除尘　　/ 89
　　　11.2.2　除油　　/ 90

第12章　底漆的喷涂　　/ 92

　12.1　烤漆房的准备　　/ 92
　12.2　喷枪的准备　　/ 93
　　　12.2.1　选择喷枪　　/ 93
　　　12.2.2　检查喷杯　　/ 93
　　　12.2.3　涂料装枪　　/ 94
　　　12.2.4　喷枪调整　　/ 94
　12.3　喷涂操作要领　　/ 97
　　　12.3.1　喷枪与工件表面保持角度　　/ 97
　　　12.3.2　喷枪嘴与工件表面保持距离　　/ 98
　　　12.3.3　喷枪的移动速度　　/ 98
　　　12.3.4　喷枪扳机的控制　　/ 99
　　　12.3.5　喷涂方法、路线的掌握　　/ 99
　　　12.3.6　走枪的基本动作　　/ 99
　　　12.3.7　不同钣件的走枪顺序　　/ 102
　12.4　底漆的喷涂　　/ 103
　　　12.4.1　底漆喷涂前的检查　　/ 103
　　　12.4.2　薄喷第一层底漆　　/ 104
　　　12.4.3　闪干　　/ 104
　　　12.4.4　喷涂第二层底漆　　/ 104
　　　12.4.5　剩余涂料的处理　　/ 104
　12.5　底漆的干燥　　/ 106
　　　12.5.1　常温干燥　　/ 107
　　　12.5.2　用烤漆房烘烤干燥　　/ 107
　　　12.5.3　用红外线烤灯干燥　　/ 107
　12.6　底漆的打磨　　/ 108
　12.7　喷枪的维护　　/ 109
　　　12.7.1　喷枪的清洗　　/ 109
　　　12.7.2　喷枪的润滑　　/ 110

第13章　原子灰的涂装　　/ 112

　13.1　原子灰的刮涂　　/ 112

13.1.1 车身钣件的准备　/ 112
13.1.2 原子灰的准备　/ 112
13.1.3 原子灰的刮涂　/ 115
13.1.4 刮原子灰时应注意的事项　/ 120
13.2 原子灰的干燥　/ 121
13.3 原子灰的打磨　/ 122
13.3.1 用锉刀打磨原子灰　/ 122
13.3.2 手工砂纸打磨　/ 123
13.3.3 用干磨机打磨原子灰　/ 128
13.3.4 修整原子灰　/ 130

第 14 章　中涂底漆的涂装　/ 132

14.1 中涂底漆的调制　/ 132
14.1.1 喷涂前的准备　/ 132
14.1.2 调制中涂底漆　/ 133
14.2 中涂底漆的喷涂　/ 136
14.2.1 中涂底漆的喷涂方法　/ 136
14.2.2 中涂底漆的喷涂注意事项　/ 138
14.3 中涂底漆的干燥及修整　/ 138
14.3.1 中涂底漆干燥　/ 138
14.3.2 中涂底漆的修整　/ 139
14.4 中涂底漆层的打磨　/ 139
14.4.1 干磨　/ 139
14.4.2 湿磨　/ 141
14.4.3 收尾工作　/ 142
14.4.4 检查　/ 142

第 15 章　面漆的调色与涂装　/ 143

15.1 面漆调色工具的准备　/ 143
15.1.1 调漆机　/ 143
15.1.2 颜色配方软件　/ 144
15.1.3 色卡　/ 144
15.1.4 色母挂图　/ 144
15.1.5 电子秤　/ 145
15.1.6 颜色分色仪　/ 145
15.1.7 配色灯箱　/ 145
15.1.8 烘箱　/ 146
15.1.9 电脑调色工具　/ 146
15.1.10 其他工具及设备　/ 147
15.2 主要材料的准备　/ 147
15.2.1 色母　/ 147
15.2.2 其他材料　/ 148
15.3 查询颜色代码　/ 148
15.3.1 查询车辆维修手册　/ 148

15.3.2　查询汽车铭牌　/ 149
15.4　查询颜色配方　/ 151
　　15.4.1　利用色卡获得颜色配方　/ 151
　　15.4.2　利用配方软件获得颜色配方　/ 151
　　15.4.3　计量调色　/ 153
　　15.4.4　比对颜色　/ 155
　　15.4.5　微调颜色　/ 157
15.5　面漆调配前准备及清洁　/ 159
　　15.5.1　工具设备和材料的准备　/ 159
　　15.5.2　面漆喷涂前的清洁　/ 159
15.6　单工序面漆的调配及喷涂　/ 160
　　15.6.1　单工序面漆调配　/ 161
　　15.6.2　单工序面漆的喷涂　/ 162
15.7　双工序面漆的调配及喷涂　/ 164
　　15.7.1　双工序面漆调配　/ 164
　　15.7.2　双工序面漆的喷涂　/ 164
15.8　局部修补涂装　/ 166
　　15.8.1　面漆喷涂前的打磨及贴护　/ 166
　　15.8.2　单工序面漆的局部修补涂装　/ 166
　　15.8.3　双工序面漆的局部修补涂装　/ 168

第16章　塑料保险杠的涂装　/ 171

16.1　塑料的鉴别方法　/ 171
　　16.1.1　查看塑料件上的ISO代号　/ 171
　　16.1.2　查看维修手册　/ 171
　　16.1.3　燃烧鉴别　/ 172
　　16.1.4　焊接鉴别　/ 172
　　16.1.5　敲击鉴别　/ 172
　　16.1.6　其他简易鉴别　/ 173
16.2　主要工具和主要材料准备　/ 173
　　16.2.1　主要工具设备的准备　/ 173
　　16.2.2　主要材料的准备　/ 173
16.3　新塑料件的清洁及检查　/ 173
　　16.3.1　一般涂装步骤　/ 173
　　16.3.2　清洁粗化塑料件表面　/ 173
　　16.3.3　检查塑料件表面是否有缺陷　/ 174
16.4　底漆的施工　/ 174
16.5　面漆的施工　/ 176
　　16.5.1　面漆的施工　/ 176
　　16.5.2　对新喷涂的面漆进行干燥和修整　/ 176
　　16.5.3　塑料件的维修涂装　/ 177

第3篇　车身美容

第17章　面漆涂装后的修整　/ 181

17.1　喷涂缺陷的修整　　/ 181
　　17.1.1　漏喷和露底　　/ 181
　　17.1.2　毛边的修整　　/ 182
　　17.1.3　颗粒的修整　　/ 182
　　17.1.4　流挂修饰　　/ 183
　　17.1.5　针孔的修整　　/ 183
　　17.1.6　咬底的修整　　/ 184
　　17.1.7　粗糙面修整　　/ 185
17.2　面漆的抛光研磨　　/ 185
　　17.2.1　漆面研磨抛光工序　　/ 186
　　17.2.2　漆面清洁　　/ 186
　　17.2.3　遮蔽　　/ 186
　　17.2.4　选定研磨剂　　/ 186
　　17.2.5　抛光机　　/ 186
　　17.2.6　抛光盘　　/ 187
　　17.2.7　抛光机的使用　　/ 189
　　17.2.8　研磨　　/ 189

第18章　漆面的美容　　/ 191

18.1　面漆的封釉　　/ 191
　　18.1.1　漆面封釉设备与工具　　/ 191
　　18.1.2　漆面封釉　　/ 192
18.2　面漆镀膜或镀晶　　/ 193
　　18.2.1　面漆镀膜　　/ 193
　　18.2.2　面漆镀晶　　/ 195

第19章　玻璃贴膜　　/ 198

19.1　鉴别玻璃膜结构和性能　　/ 198
　　19.1.1　汽车玻璃膜的内部结构比较　　/ 198
　　19.1.2　汽车玻璃膜的鉴别　　/ 199
19.2　贴膜工具及用品　　/ 200
　　19.2.1　贴膜工具　　/ 200
　　19.2.2　清洗液和安装液　　/ 202
19.3　太阳膜的施工　　/ 202
　　19.3.1　施工准备　　/ 203
　　19.3.2　车窗清洗　　/ 204
　　19.3.3　裁剪取膜　　/ 204
　　19.3.4　卷膜　　/ 205
　　19.3.5　粘贴车膜　　/ 206
　　19.3.6　清洁车辆　　/ 208
　　19.3.7　车辆移交　　/ 209

参考文献　　/ 210

第1篇

车身及钣金件整形

第1章 汽车车身损伤的评估分析及维修方案的确定

汽车车身由于碰撞而造成的钣件或车身结构件的损伤,如图 1-1 所示,轻微的会影响车身的美观或引起锈蚀而造成构件的强度下降,使用寿命缩短;严重的将影响整部车辆的使用性能甚至报废。

图 1-1 因碰撞引起车身钣件的损坏

确定碰撞受损车辆维修范围,以便于对客户或保险公司估算出正确地维修费用和时间,同时正确地掌握受损车身的部位和程度,以便决定适当的修理方法和程序。若损伤的评估错误,则会造成修理方法不正确或修理顺序错误,因而耗费较长的工作时间,并影响修理品质,严重的话可能会再次修理。

因此,为了有效率地执行修理工作并确保维修品质,正确判定损伤,及时且有效地进行修复,对车辆的使用者和维修者来讲都是非常必要的。

对车身碰撞损伤进行判断和校正需要正确分析导致变形的主要因素,并由此确定损伤的类型以及严重程度,进而分析损伤的倾向——对车身整体产生的影响和波及范围等,这些都是车身碰撞损伤诊断的主要任务。对车身的损伤进行正确判定,是保证维修质量的关键,科学准确的碰撞损伤诊断是制订维修方案的依据,是保证维修质量的基础。因此,了解碰撞对车身的损伤规律,准确地判定车身损伤状况将直接影响维修的合理性和经济性。

1.1 车身的碰撞冲击力判断

1.1.1 了解发生碰撞的实际情况

实际碰撞中一辆汽车与另一辆汽车相撞后,还可能再次发生碰撞损伤,因此就会产生不同损伤类型的组合,如图 1-2 所示。在评估之前,应尽可能多地询问车主,了解事实真相,确定事故实际发生的过程,结合实际的测量才能制订出修复的具体步骤。这样虽然花费一些时间,但却能够在整个修复过程中节省更多的时间,而且也会减少一些艰苦的工作。

1.1.2 分解碰撞力

首先将碰撞力分解为三维尺寸上的三个值:垂直分力,使汽车前部向下变形,造成车身高度的变化;水平分力,使汽车前翼子板变形方向指向发动机罩中心,造成车身宽度的变化;侧向分力,使汽车的前翼子板向后变形,造成车身长度的变化,如图 1-3 所示。

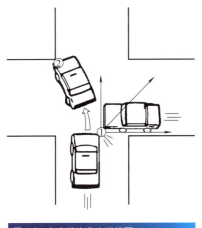

图 1-2 车身发生多次碰撞图

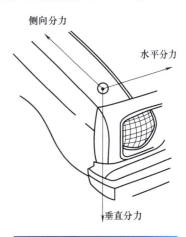

图 1-3 分解碰撞力

车身维修人员在对车辆进行测量分析时,经常会运用点对点测量或对角线测量,认为只要这些尺寸正确就可以了。实际上这只是进行了长度和宽度方向的测量,而忽视了高度方向的测量和调整。

1.1.3 撞击力的传递

如图 1-4 所示,A 点受到一个大小为 F_0 的碰撞力在 B 点断面形状变化很大的部分先变形,减弱为 F_1,其次由 C 点孔洞处的变形吸收了部分冲击力,余下 F_2 的力改变传递方向至 D 点,减弱为 F_3,接着是前门柱和车顶板接合处 E 点的变形,使传递力减弱成 F_4,中柱和车顶板接合处 F 点附近的碰撞力逐渐趋于零。

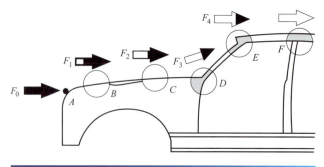

图1-4 车身碰撞力的传递路径

1.2 目测诊断

了解受损汽车构造的类型,目测确定碰撞的位置,在大多数情况下,在碰撞部位能够观察出结构损伤的迹象。用肉眼检查后,进行总体估测,从碰撞的位置估计汽车受撞大小及方向,判断碰撞如何扩散并造成损伤。在估测中,先探查汽车上是否有扭转和弯曲变形,再设法确定出损伤的位置及各种损伤是否由同一碰撞引起的。

1.2.1 容易识别车身变形的部位

在碰撞中碰撞力穿过车身刚性大的部件传递,如车身A柱、车顶纵梁、地板纵梁等箱形截面梁,最终传递深入至车身部件内并损坏薄弱部件。因此,要找出汽车损伤,必须沿着碰撞力扩散的路径,按顺序一处一处进行检查,确认出变形情况。检查中要特别仔细观察钣件连接点有没有错位断裂,加固材料(如加固件、盖板、加强筋、连接板)上有没有裂缝,各钣件的连接焊点有没有变形,油漆层、内涂层及保护层有没有裂缝和剥落,以及零件的棱角和边缘有没有异样等。这样,损伤部位就容易识别出来,如图1-5所示。

图1-5 车身发生的变形部位

(1)钣件的连接部位

加固材料(如加固件、盖板、加强筋、连接板)上的缝隙,各钣件的连接焊点等部位在碰撞中容易发生变形，如图1-6所示。

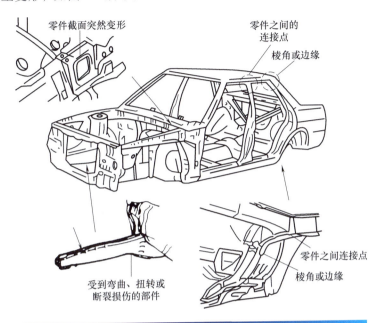

图1-6　车身上容易识别损伤的部位

（2）零件的棱角和边缘

车架部件（如侧边构件）的损伤程度，可以从其凹面上严重的凹痕或扭结形式来判断，而不是以部件凹面的另一面出现瓢曲变形来确定。

此外，还有一点要特别注意的是，同样的碰撞力，若碰撞点部件刚性不同时，碰撞后的损伤情况不一样。当碰撞点部件的刚性较小时，碰撞点附近的损伤迹象比较显著，当能量通过附近的结构逐渐消散时，其损伤迹象很小。反之，有时碰撞点上的损伤迹象虽然很小，而能量却穿过碰撞点而传递至车身内部很深的部位即产生"内伤"，如图1-7所示。

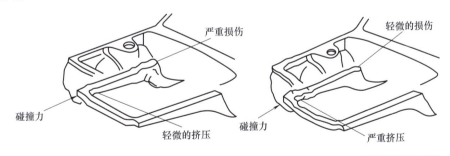

图1-7　同样碰撞可能引起不同损伤

1.2.2　检查车身部件的间隙和配合

如图1-8所示，在车身上的车门、翼子板、发动机罩、行李箱盖、车灯之间的配合间隙都有一定的尺寸要求，通过观察和测量它们之间间隙的变化可以判定发生了哪些变形。如图1-9所示为对比左右翼子板与发动机罩的间隙情况。车门是以铰链装在车身立柱上的，这就可通过简单地开关车门及观察门的准直来确定车身立柱是否受到损伤,如图1-10所示,通过测量和对比车门间隙来确定车门的损伤变形情况。

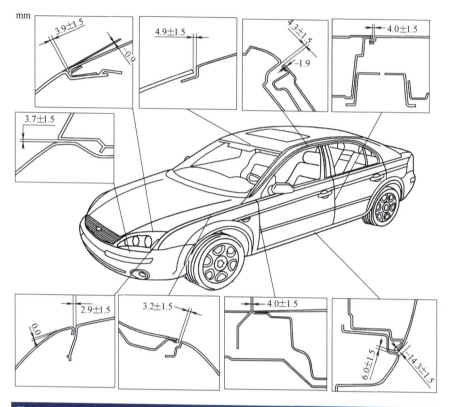

图1-8 车身上的标准配合间隙

图1-9 对比左右翼子板与发动机罩间隙

在前部碰撞事故中,了解损伤最重要的是检查后车门与后顶侧板之间的间隙及水平差异;另外一个较好的方法是比较汽车发动机罩与翼子板左侧与右侧的间隙。

图 1-10 测量对比左右车门配合间隙

1.2.3 检查汽车惯性损伤

当汽车受到碰撞时，一些质量大的部件（如发动机）的惯性会转化成巨大的作用力，使其向相反方向移动而发生冲击，产生损伤，这就需对固定件、周围部件及钢板进行检查。对于非承载式车身汽车，车身安装在橡胶隔离垫上以减小其惯性，但是剧烈的碰撞也会引起车身和车架的错位，破坏车身上的隔离件。

此外在碰撞中由于惯性的原因，仪表盘、转向盘、转向支柱和座位靠背可能会受到损伤，后备箱中的行李也可能成为引起行李厢地板、行李厢盖和后顶侧板损伤的另一项原因。

最终精确的损伤评估还要靠精确的车身三维测量来确定。

1.3 确定维修方案

1.3.1 应考虑的主要问题

对车辆进行损伤诊断之后，就需要制订科学的修复方案了，这一阶段的主要工作是：针对直接受损部位、间接受损部位及惯性效应受损部位，如图 1-11 所示，确定具体的修复方式；根据车身各部位材料的应用情况，确定需要采用的焊接工艺；考虑在校正拉伸过程中如何使用辅助支撑定位，以确保顺利修复；考虑在实施焊接换件作业中如何对所需更换部件进行准确定位，以避免在焊接完毕后再对所更换部件位置进行校正。

1.3.2 确定修复方案的原则

制订的修复方案，除了要考虑降低维修成本之外，还要综合考虑整体维修质量，比如局部拉伸时如何保证周边部位不受影响，切割和焊接时如何保证金属内部结构尽量不发生较大的变化，以及使用何种钻孔、打磨工具不会对安装造成影响。凡是与整体修复方案有关的因素，考虑的越周详越好，这样才能在后续的工作中有备无患。

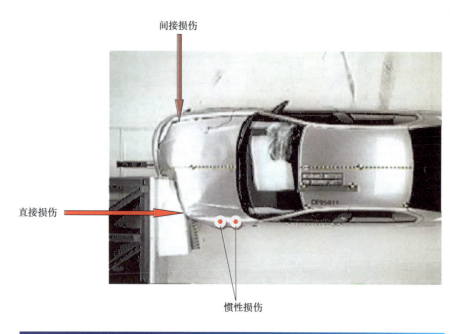

图 1-11　因碰撞造成的三种类型的损伤

1.3.3　维修方案对技术人员的要求

要掌握科学高效的修理工艺，技术人员必须了解当今计算机辅助设计的车架结构、车架对碰撞能量的吸收和传递等方面的知识。除此之外，技术人员对车辆碰撞损伤程度的确认、需要更换的部件、需要修理的部件、修理方式的确定、设备工具的选用以及各种操作规范化等方面的知识都必须熟知，才能确保修复效果最佳化，进而提高客户满意度。

1.3.4　车漆未受损伤的维修方案

确定维修方案需要视情况而定，择优而取。在碰撞部位损伤并不严重的情况下，就需要根据具体情况，确定采用传统钣金喷涂方案或者新兴的免漆凹陷修复技术。实际上，只要车漆未受损伤，大多数情况下都可以采用免漆凹陷修复技术。

汽车凹陷修复技术是对汽车车身各部位，对因外界力量撞击而形成的各种凹陷进行修复的新兴技术。它操作简单，运用光学、力学及化学等多方面技术原理，对未损伤车漆的凹陷部位通过局部的特殊工艺进行修复，无需传统的钣金、喷漆就可以达到 100% 的复原，如图 1-12 所示，让车辆恢复原有状态，该技术大大缩短了修复时间。

凹陷修复技术主要针对尚未损伤车漆的凹陷，由于保留了原有车漆，避免了烤漆所造成的漆雾、漆流、色差、色变、橘皮等缺陷，从而最大限度地保留了车辆原有价值，这是传统钣金技术无法比拟的。

1.3.5　车身严重损坏的维修方案

根据车身损坏的严重程度，可采取以下维修方案，如图 1-13 所示。

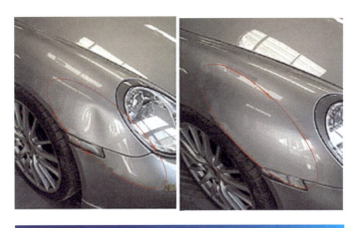

图 1-12　免漆凹陷修复效果对比图

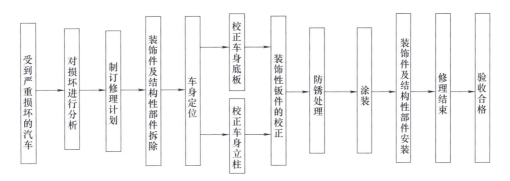

图 1-13　车身严重损伤的维修方案

第2章 事故车身定位测量与校正

车辆受到严重撞击后,车身的外覆盖件和结构件钢板都会发生变形。非承载式车身的车架和承载式车身的结构件是非常坚固与坚硬的,强度非常高。对于这些部件的整形,必须通过车身校正仪巨大的液压力量才能够进行修复操作。使用车身校正仪可以快速精确地修理这些变形损坏的构件。

车辆上到平台上后,首先是找好车身与测量系统的基准,其次就是在校正平台上定位。车辆在拉伸的过程中是不能有位移的,否则会导致测量基准的变化,还需要重新找到测量基准后才能进行测量,故对车身进行定位,是正确拉伸的前提。

车身大梁校正系统的使用,基本步骤是:上车、定位、测量和拉伸。

2.1 事故车上车

2.1.1 开车上平台

如果事故车还可以开动,可以把校正系统平台的上车端通过液压系统降低,并放正上车板,小心开车或倒车上平台(见图2-1),注意要有人指挥车辆行走。

图2-1 开车上平台

2.1.2 拉车到平台

如果事故车已经不能开动,可以把平台放低,使用拖车器把汽车拉上平台(见图2-2)。

图 2-2 拉车上平台

2.2 车身定位

车辆上到平台上后,首先是找好车身与测量系统的基准,其次就是在校正平台上定位。因为测量工作要贯穿整个车身的维修过程,特别是对于使用机械式测量系统时,车辆在固定前必须要找好测量的三个基准(见图 2-3)。车辆在拉伸的过程中是不能有位移的,否则会导致测量基准的变化,还需要重新找到测量基准后才能进行测量。如果使用全自动电子测量系统如超声波测量系统就不需要进行测量基准的找正,计算机会自动找到测量的基准。

测量的基准找到后,就可以对车辆进行固定(见图 2-4)。承载式车身在固定时至少需要四个以上的固定点,主夹具通过这些固定点固定好车身,然后把主夹具紧固在校正平台上,车身、主夹具和校正平台相互之间没有位移。在对车身坚固部件进行拉伸操作时,最好在拉伸方向的相反方向设置一个辅助牵拉装置以抵消拉伸的力量,防止夹持部位部件损坏。

图 2-3 测量基准的找正

图 2-4 主夹具对车身和平台进行固定

2.2.1 非承载式车身汽车定位

非承载式车身汽车的车架定位可以采用在车架的固定孔(位于车架的架梁上)内放置适

当的塞钩的方法进行定位。为使塞钩与车架梁对中,需要用垫块进行调整,或者使用链条张紧器调整。如果牵拉力过大,建议在孔上焊接加强垫片后再拉伸。

2.2.2 承载式车身汽车的定位

对于承载式车身,必须用多点固定的方式。至少需要4个固定点(见图2-5),根据车身结构及拉伸的部位,有时或许还需要另外的固定点。

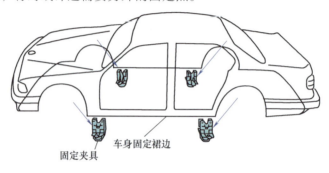

图2-5 车辆的固定

在拉伸时可在车身坚固的梁上焊接若干固定夹,并利用这些固定夹将车身辅助固定,以防止未损伤部位和已修复的部件在其他相关联部件大力拉伸时尺寸会变化。

2.3 车身测量

车辆在平台上定位后,就可以对车辆进行测量和拉伸校正工作了。

首先对碰撞部位进行简单的大致整修,有些部件碰撞中变形严重,这些部件可能不需要进行校正直接更换就行了,但这需要大致整形后来确定连接部件的损坏情况,确定哪些部件需要校正恢复形状,哪些部件必须更换。按照测量系统的使用方法来对车身进行整车检查(严重碰撞车身),对变形部件进行测量,需要知道所有钣件变形的方向和大小,然后根据测量的结果来对损坏的部位进行拉伸校正(见图2-6、图2-7)。

图2-6 拉伸前确定尺寸的变形程度

图2-7 根据测量对钣件进行拉伸操作

下面是超声波测量系统的操作步骤：

2.3.1 安放测量横梁

将车辆举升到一定高度，将测量横梁安放到车身下部，要求车身下部的最低点距离横梁下平面在 30~40cm 之间（见图 2-8）。并且最好将测量横梁的前方与车辆前方一致，横梁支架要牢固，车辆举升位置稳定。

图 2-8　安放测量横梁

2.3.2 系统连接

（1）开机

开机进入系统界面，选择语言的种类（见图 2-9）。为了方便各国的使用者，系统内安装了包括汉语在内的主要语言种类。

图 2-9　测量系统语言选择界面

（2）记录用户信息

包括车辆的信息和车主的信息（见图 2-10），这些信息可以与后面测量的结果一起存储，方便以后再次查询。

（3）选择车型

根据事故车的类型选择汽车公司、汽车品牌、生产年代，从数据系统内调出符合的车型数据图（见图 2-11）。

（4）选择测量基准

超声波测量系统在使用时，大大简化了操作过程。由于每个超声波发射器有两个发射源，接收装置也有多个，系统可以自动计算出宽度和高度的基准，不用再去人工调整。根据

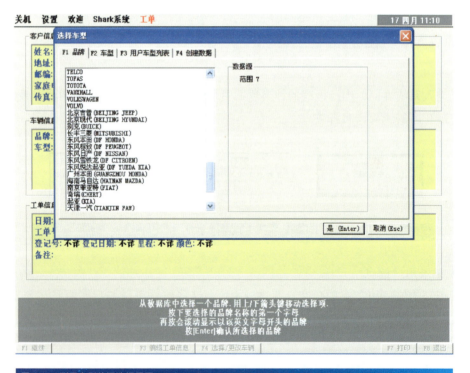

图 2-10 车辆与车主信息界面

图 2-11 测量车型数据选择界面

车辆的损坏情况，来选择长度基准。如果汽车前端发生碰撞则选择后面的基准点作为长度基准，如果汽车后端发生碰撞则选择前面的基准点作为长度基准。如果汽车中部发生碰撞，则要对中部进行整修，直到中部四个基准点有三个点的尺寸恢复（见图2-12）。

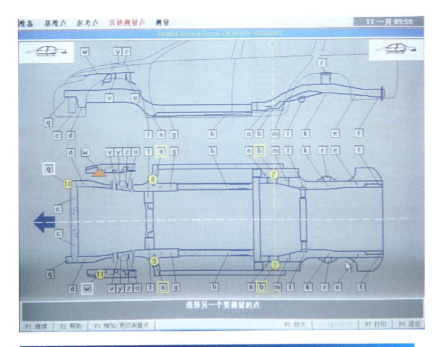

图2-12　长度基准的选择界面

（5）测量点传感器的安装（见图2-13）

根据车身的损坏情况来选择车身上哪些点需要测量，需要测量的点按照计算机的提示选择合适的安装头，计算机还可以显示要测量点的位置图片（见图2-14），把传感器通过合适的连接安装头连接到车身上，把传感器的连接线连接到选定的接口上。

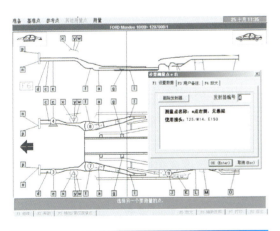

图2-13　界面提示选择合适安装头

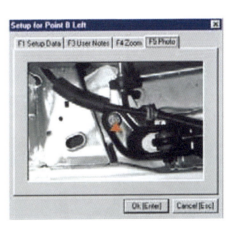

图2-14　测量点的图片

（6）选择测量模式

计算机根据需要会自动地把测量的实际数值（见图2-15）、标准数值和两者差值显示出来（见图2-16）。

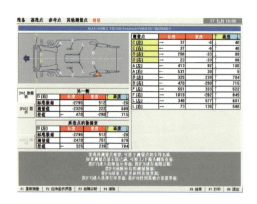

图 2-15 测量界面

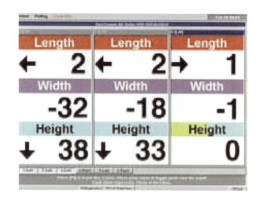

图 2-16 对比测量数据显示

2.4 制订拉伸程序

制订修理计划（牵拉）程序时，应遵循两条基本规则，以保证通过最少量的拉伸校正来修复损坏部件变形，并且不会造成进一步的车身结构损伤。

按与碰撞损坏相反的顺序修理碰撞时出现的损伤（先里后外），最后出现的损伤要最先修理，最先出现的损伤要最后修理。

以碰撞方向相反的方向来设计拉伸校正顺序。

2.4.1 单向拉伸

承载式车身的拉伸校正和非承载式车身的拉伸校正有很大的不同。通过一系列单向拉力（见图 2-17），通常就可将非承载式车身整平和校直。简单的朝一个方向的拉力，对非承载式车身的校正具有相当好的效果。非承载式车身的车架金属板厚度在 3mm 以上，可以承受反复的拉伸，一般不会发生拉伸过度或拉断的现象。

在整体式汽车损伤较轻的表面可以使用简单的单向牵拉。在牵拉修理其他部位复杂的损伤时，因未损伤部位和已修复的部件在其他相关联部件拉伸时不能再受到拉伸，为了做到这些工作，需要辅助牵拉或定位，这时就必须使用复合牵拉系统。

图 2-17 非承载式车身的单向拉伸

2.4.2 多点拉伸

整体式汽车特别是大量使用高强度钢板的承载式车身，结构更加复杂，碰撞力更容易扩散到整个车身，承载式车身大部分的钣件都比较薄，高强度钢板在变形后内部有更多的加工硬化，在修理过程中，这些变形的钣件恢复形状需要更大的力，当只用一个拉力拉伸校正变形部件时，变形还没有恢复，但是钢板可能已经被撕裂了，所以承载式车身的部件在拉伸时要求有多重拉力。这要求在每次校正拉伸过程中，尽量要找到2个或更多的拉伸点和方向（见图2-18）。

复合牵拉具有支承和牵拉甚至双向牵拉的能力（见图2-19）。这种能力在修复承载式车身的二次损伤时，是很需要的。使用复合牵拉系统，能对任何牵拉进行严格控制，并大大改进牵拉的精确度。

图2-18 承载式车身的多点拉伸

图2-19 复合牵拉系统

复合牵拉方式可以完成下面一些工作。

① 可以同时从三点或四点上，精确地按所需方向成功地进行牵拉，对承载式车身修理程度进行必需的控制。

② 多点的复合牵拉，极大地减小了每个点上所需的力，大的拉伸力通过几个连接点加以分散，因此减少了薄钢板被拉断的危险。

2.4.3 车身校正钣金工具的使用

为了更好地对承载式车身进行拉伸修复，针对车身不同部位的变形修复设计了多种钣金工具（见图2-20），可以对车身进行有效拉伸修复。图2-21给出了一些钣金工具的用法。

在使用钣金工具时必须注意正确的使用方法，否则会损害夹具和车身。在拉伸时必须使拉力方向的延长线通过夹齿的中间，否则夹钳有可能受扭转的力而脱开，还会对钳口夹持的部位造成进一步的损伤。在设计牵拉夹钳进行多点牵拉时，需要充分发挥想象力和创造力。图2-22给出了一些钣金工具的正确的和错误的用法。

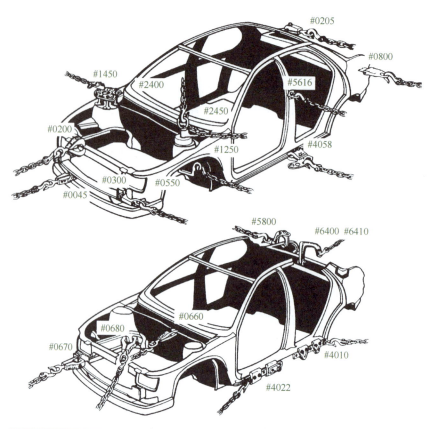

图 2-20　车身上各种钣金工具的使用

图 2-21　各种钣金工具的用法

第2章 事故车身定位测量与校正

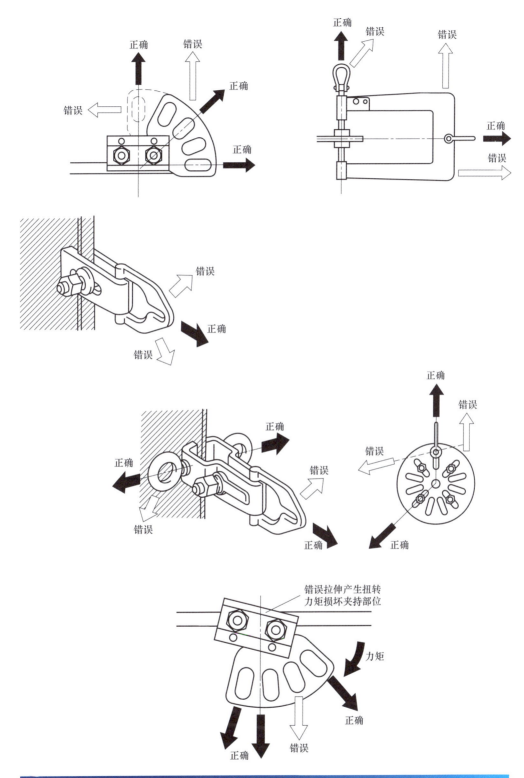

图 2-22 钣金工具的正确用法

为进行牵拉校正作准备时,钣金工具不可能正好夹持在变形区域,如果遇到这种情况,可暂时在需要拉伸的部位焊一小块钢片,修复之后,再去掉钢片(见图2-23、图2-24所示)。

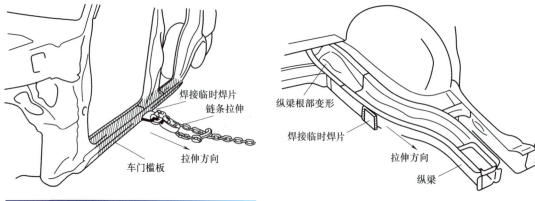

图2-23 门槛板拉伸的临时焊片　　　　图2-24 前纵梁拉伸的临时焊片

2.4.4 拉伸校正操作

(1) 拉伸校正的程序

拉伸校正程序就是从混在一起的众多小问题中,找出修理的先后次序,找出第一个需修复的钣件,开始修复,然后再修理第二个钣件,如此循环、继续。

整个拉伸校正的程序在车身损坏分析制订修理计划的过程中已经安排好了,在具体的校正修理过程中可能还需要根据具体情况进行相应的调整。

整个车身在修理时,要用"从里到外"的顺序完成修理过程。因为车身尺寸的基准在车身中部,需要先对车身中部进行整修,使中部车身尺寸恢复,以它们为基准再对前部或后部的尺寸进行测量和校正。而不是车身前部损坏就先修理前部部件,后部损坏就先修理后部部件。

一个部件在受到损伤后,可能存在三个方向的损伤,那么整修的顺序应该这样:

首先校正长度——然后校正宽度——最后校正高度。

整个校正拉伸的过程中,具体到每一个钣件变形的拉伸校正时,拉伸校正的程度是由损坏部件的尺寸决定的。拉伸前需要知道每个损坏部件变形的方向和变形的大小,这需要准确的测量来决定,通过三维测量数据和车身标准数据对比可以知道变形的大小和方向。

对一个受损钣件进行拉伸校正操作时,要用拉伸力使金属钣件恢复到原先的形状,金属钣件在受到外力时首先发生弹性变形,然后超过一定力量后才会发生塑性变形。在每一次的拉伸中,即使车身被牵拉至超过预定尺寸,车身部件也会由于弹性变形的存在而只是部分地恢复尺寸。因此,在拉伸时应预先估计其金属回弹(弹性变形)量,并在拉伸过程中,留出一定的余量。不要试图一次就把变形拉伸到位(完全回到标准尺寸),变形的金属钣件内部存在加工硬化(内部应力),如果不把加工硬化消除,拉伸的回弹量会很大,大力的拉伸也会使钣件由于加工硬化而破裂。

每一个钣件的修复需要很多次的拉伸操作,每一次拉伸时,只使受损钣件产生少量的变形,然后卸力、测量,检查一下钣件变形恢复的程度,还有多少尺寸没有恢复,再重复拉伸、测量、检查的工作过程,直到钣件的尺寸恢复到标准尺寸的误差范围内。

（2）拉伸校正操作

塔柱拉伸：现代的车身校正仪都使用液压的巨大推力通过塔柱内的液压油缸，拉动拉伸链条，导向环变换拉力的方向，通过配备在塔柱上的顶部拉伸杆和下拉式装置可以对车身进行长宽高三个方向的拉伸。使用塔柱的链条对固定在车身上的钣金工具进行拉伸（见图2-25），可以进行多点、多向的拉伸。在拉伸时要注意塔柱必须固定牢靠，不能移动，否则有可能会对校正仪本身产生损害。

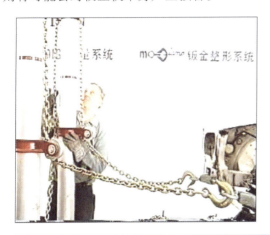

图2-25 用塔柱对车辆进行拉伸

液压顶杆拉伸：由于校正设备配备情况不同，有些设备只配有一个或两个塔柱，为了在拉伸校正中实现多点多向的拉伸，还需要补充一些液压顶杆和链条来进行辅助拉伸（见图2-26、图2-27）。

图2-26 液压顶杆

图2-27 使用液压顶杆拉伸车辆

使用液压顶杆进行拉伸时，拉伸链条、液压顶杆、车身的拉伸点和链条固定点形成一个简单三角形的拉伸矢量图（见图2-28）。液压顶杆伸长时，三角形的一边增长。因为链条锁紧在液压顶杆上，所以引起顶杆向右方倾斜，当顶杆倾斜到新的位置时，受损坏的部件就会被拉伸。

在拉伸中根据拉伸部位的高度来调整链条和液压顶杆的长度和高度，链条一端固定在汽

图 2-28 拉伸矢量图

车的钣金工具上，调整液压顶杆的接管长度，以便达到恰当的高度。如果顶杆与链条固定点之间的链条超过了垂直状态（见图 2-29），就必须马上停止拉伸，否则链条端部的固定点和顶杆支撑点部位可能出现过载，导致链条断裂。

2.4.5 拉伸操作的注意事项

① 由于承载式车身的强度比较高，同时对热很敏感，不要试图一次拉伸就可以完成校正拉伸操作。而要通过一系列的反复拉伸操作：拉伸——保持平衡（消除应力）——再拉伸——再保持平衡（消除应力）。在这样一个循环往复的操作过程中，车身金属钣件可以有更多的时间恢复变形，有更多的时间使金属松弛（消除加工硬化的应力），有更多的时间测量检查和调整拉伸校正的进度。

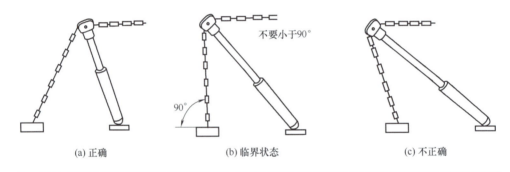

(a) 正确　　　　　　　　(b) 临界状态　　　　　　　　(c) 不正确

图 2-29 使用液压顶杆正确操作

在拉伸开始时，要慢慢地启动液压系统，仔细观察车身损坏部位的移动，看它的变形是否与我们需要的变形相吻合，是否在正确的方向上变形。如果不是，要检查原因，调整拉伸角度后再开始。在拉伸出现一定变形后要停止并保持拉伸拉力，再用锤子不断锤击损伤区域以消除应力（见图 2-30），卸载使之松弛，然后再次拉伸并放松应力。

② 车身的每个部件都有足够的强度来承受载荷，但在拉伸中钣金工具的夹持部位由于夹持的面积小，会在夹持部位产生非常大的压强，导致夹持部位的钣件损坏或断裂。在对一个部位施加拉力比较大时应该多使用一些夹钳，将拉伸力分散到钣件的更大的区域。拉伸一个部位用两个夹钳时可以允许比用一个夹钳

图 2-30 敲击放松拉伸中的应力

时加一倍的拉力。

③ 车身部件的拉伸要从靠近车中心的部分向外进行，当靠近中部的部件的控制点尺寸到位以后，可以用一个辅助固定夹来固定，再拉伸下一段没有完全恢复尺寸的部分。如果对已经拉伸校正好的部位不进行辅助固定，再拉伸下一段时可能影响已修复好的部分。

④ 在拉伸时要一边间歇地施加拉力，一边检查车身部件的运动，确定拉力在损坏部位是否有效。如果看不到任何效果，就要考虑改变拉伸的方向或拉伸的部位。

⑤ 对于靠近交叉部位的弯曲，如纵梁的弯曲，可以夹住弯曲内侧表面进行牵拉。拉力的方向应与通过零部件原始位置的方向相同。

⑥ 如果损坏部件一些部位折皱、折叠得太紧，内部的加工硬化太严重，在拉伸时钣件有被撕裂的危险。如果这些部件在吸能区的话就不能进行维修了，需要进行更换。在这些部件拉伸时需要对其加热放松应力。加热时要注意，只能在棱角处或两层板连接得太紧的地方加热。如果在车身纵梁或在箱型截面部分加热，只能使其状态进一步恶化。加热只能作为消除金属应力的一种手段，而不能把它作为软化某一部分的方法。现代车身一般不推荐在高强度钣件上用焊炬加热，但有时可以小心地用焊炬加热（温度在200℃以下）。

⑦ 防止过度拉伸。产生过度拉伸的原因一般有两个。

a. 在修复中没有遵循"先里后外"的拉伸原则，导致修理程序的混乱，修理好的钣件在其他变形钣件进行修理时影响了它的尺寸，使原先已经校正好的钣件长度又被加大了，超过了原尺寸。

b. 在校正过程中没有经常地、精确地测量拉伸部位的尺寸，没有很好地控制拉伸的程度，很可能会导致牵拉过度的发生（见图2-31）。

可以将一块钢板拉长，但不可能通过推压使其缩短。任何损坏的钢板，在拉伸校正之后，超过了极限尺寸，就很难再收缩或被压缩了。过度拉伸唯一的修理方法就是把损坏的钣件更换。为防止产生过度拉伸而损坏承载式车身，在每一次的拉伸校正过程中，都要对损伤部位的校正进程进行测量、监控。

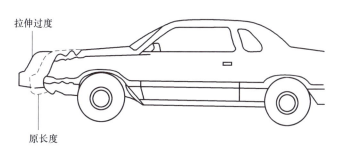

图2-31 过度拉伸

2.5 车身损坏的校正

2.5.1 车身前端损坏的校正

（1）损坏分析确定拉伸程序

一辆汽车的前端被碰撞损坏（见图2-32），如果它的前部横梁一侧的前挡泥板及侧梁损坏严重就需要进行更换（见图2-33），而另一侧的前翼板、前挡泥板和纵梁可能只是受到对面严重碰撞的影响，损坏并不严重，就需要进行修复。一侧的挡泥板和侧梁要进行修复，另一侧的需要更换部件的支撑连接部件也需要在新钣件安装前修复好。

图2-32　汽车前端碰撞

图2-33　前端碰撞损坏严重需要更换的钣件

如图2-34所示，通过碰撞位置可以分析出车身的左前方受到碰撞，水箱框架和前纵梁都受到严重损坏，前柱也向后变形，就需要更换部件的左侧，按照与碰撞方向相反的方向对纵梁和前柱进行牵拉（见图2-35）。然后，修理右侧挡泥板和纵梁的安装结构。需要修理一侧的整个挡泥板或纵梁可能仅在右边或左边略有弯曲，在纵向方向没有变形。

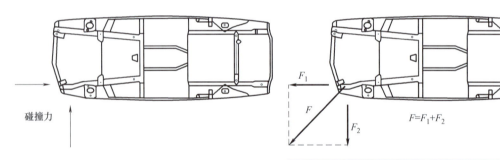

图2-34　确定损坏方向　　　　　　　　　图2-35　确定拉伸方向

（2）对前纵梁和挡泥板拉伸校正

在修理时，对发动机舱部位的尺寸可以使用点对点测量来对比，例如测量图2-36中的给出的尺寸，校正好其对角线尺寸。有时用钣金工具对挡泥板上加强筋和纵梁同时进行牵拉将更有效（见图2-37）。拉伸中最好使用三维测量系统，因为在损坏部位的长度、宽度和高度都发生变化（特别是高度变化）的情况下，使用三维测量可以确保校正尺寸的正确（见图2-38）。

如果拉伸校正一侧的损坏对另一侧的部件产生影响，使另一侧的尺寸变化，那么需要将前横梁和散热器的支撑分开，再分别加以校正。在修理纵梁弯曲损坏时，应该夹紧纵梁里面的损坏面，向前拉伸时，在损坏部位要有一个力同时从里向外拉或从外向里压。修理完弯曲部分后，尺寸应与标准尺寸相吻合（见图2-39）。

（3）对前围和前柱拉伸校正

修理需要更换钣件一侧的前挡泥板和侧梁安装部件时，主要是修理接近前围板和前围上

第2章 事故车身定位测量与校正

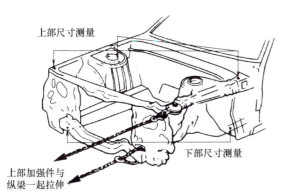

图 2-36 车身前部的控制尺寸

图 2-37 汽车前部拉伸操作

图 2-38 拉伸中前部尺寸不断测量

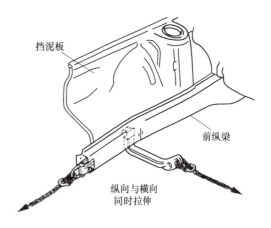

图 2-39 前纵梁弯曲的拉伸

盖板的地方。如果碰撞严重，损坏会扩散到车体前立柱，则车门就关不上。如果维修中简单地夹住挡泥板、纵梁的前缘进行拉伸，则不能修理好车体前柱或前围板的主要损坏。在这种情况下，应取下挡泥板和纵梁，在前围板损坏处夹紧，然后拉伸并注意车门的吻合情况（见图 2-40），用这种方法可取得最好的效果。在拉伸时如果拉伸效果不好，还可以一边拉伸一边用液压顶杆从里边推压（见图 2-41）。

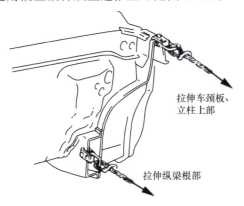

图 2-40 前柱的拉伸

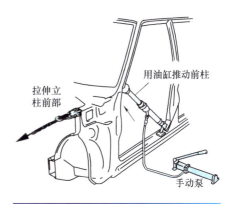

图 2-41 前柱的复合拉伸

（4）拉伸校正中重要的测量点

在车身拉伸校正过程中，其修复程度由尺寸测量决定。前地板下、加强筋上的参考孔和前翼板的后安装孔，都是一些标准的参考点（见图 2-42）。在评估损伤时，对这些部位进行测量，确定损伤是否已扩散到这些部位。

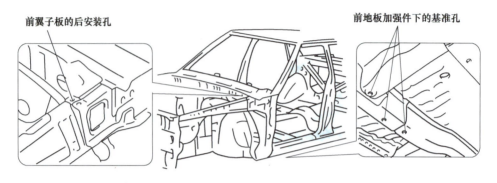

图 2-42　车身钣件的参考孔

如果前纵梁结构遭到十分严重的碰撞，标准测量点的高度就可能发生变化。一般受损时，这些部位倾向于向上偏斜（见图 2-43）。

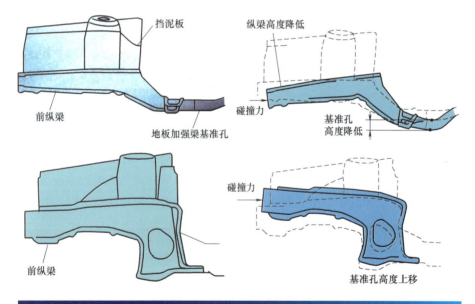

图 2-43　纵梁和前地板的基准孔

2.5.2　车身后部损坏的修复

与车身前部比较，车身后部的钣件结构更复杂，损坏可能扩散得更厉害，因此，对损坏的评估必须更加精确。首先，在后端碰撞时保险杠会被损坏，而且碰撞力通常会通过后部纵梁的尾端或附近的钣件进行传送，引起"上弯"部位的损坏。其次，轮罩也将变形，引起后侧围板向前移动，造成部件之间的间隙变化。如果碰撞十分严重，还将影响到车顶、车门或中柱。将钣金工具或钩子固定在后纵梁的后部、后地板或后顶盖侧板后端部分（见图 2-44），一边进行拉伸，一边测量车身下面每一部分的尺寸，观察车身钣件的配合和间隙情况来决定修理程度。

当后纵梁被撞进轮罩，后门有间距误差时，不能对有少量变形甚至没有变形的后顶盖作拉伸，而只能靠拉伸纵梁来消除后顶侧板的应力。如果轮罩或车顶侧边的内板和后部纵梁一起夹紧拉伸，那么车门的间隙就很容易校正到位。

车头部分的碰撞也可能引起车尾部分结构的变形。当出现上述情况时，应将车尾较低部位的结构夹紧在校正台上。初步的拉伸将恢复一些较低的校正点，这时应重新放置夹钳（校正点和固定点的数量也将随之变化），以保护已进行的校正，然后继续进行拉伸。

一旦损坏修复到位后，要对这些部位进行辅助固定，防止在进行下一步拉伸时影响已经校正好的尺寸。在进行初步拉伸后，应拆除损坏严重不能再进行修理、需要更换的部件。

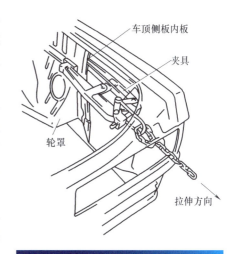

图 2-44 后顶盖侧板的修理

2.5.3 汽车侧面损坏的修复

（1）损坏分析确定拉伸程序

汽车受到来自一侧的损坏后，车门槛板中心位置受到严重碰撞（见图 2-45），门槛纵梁弯曲，地板会变形，车身前后端弯曲，使车身扭曲成香蕉状（见图 2-46）。修理这种类型的损伤，可使用与拉直一根弯铁丝一样的方法，将车身的两端拉开，再将塌下去的车身侧面向外拉。图 2-47 表示了受碰撞后的变形情况，图 2-48 表示了拉伸修复的方向。

图 2-45 车辆侧面碰撞

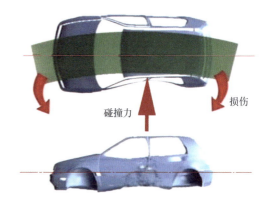

图 2-46 碰撞车辆的变形

（2）车辆固定

将车辆用主夹具固定在校正平台上，必要时在车辆上使用一些辅助夹具来加强车辆定位（见图 2-49）。

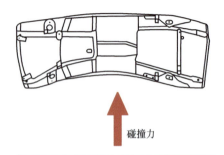

图 2-47 碰撞力的方向

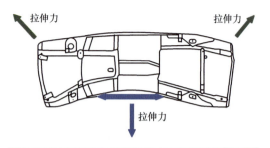

图 2-48 校正拉伸的方向

图 2-49 车辆的固定

（3）纵向拉伸车辆的中部

主夹具紧固在车辆的门槛板裙边上，主夹具与平台之间不固定。用液压顶杆顶在两个主夹具上进行中部向两侧的拉伸（见图 2-50）。同时在中柱门槛上边的裙边上安装两个夹具进行侧向拉伸（见图 2-51）。因为中部受损后拉伸力比较大，需要同时进行两个点以上、多个方向的拉伸。

图 2-50 向两侧拉伸

图 2-51 中柱的向外拉伸

（4）拉伸车辆的前端弯曲

由于车辆的前后有弯曲变形，所以要对前端进行校正（图 2-52）。通过测量可以看出前部的纵梁的尺寸有朝向撞击方向的变形,用尼龙带或其他夹具对前纵梁进行拉伸。拉伸时注意链条导向环和链条的高度要与纵梁平齐,不要太高或太低,否则拉伸时会产生向上或向下的力,使纵梁产生上下弯曲变形。

(5)拉伸的车辆后端

由于车身后纵梁与前纵梁存在同样的问题(见图2-53),也要根据测量尺寸的结果来进行校正。

图2-52 汽车前端拉伸

图2-53 汽车后端的拉伸

(6)侧向拉伸车门槛板

在碰撞时车门槛板承受了大量的力,变形量大,有些钣件可能需要更换,但必须在进行校正后才能够进行更换。通过大力拉钩向外进行拉伸(见图2-54),注意大力拉钩与车辆钣件的接触受力点要根据情况选择不同接触面积的垫块,同时注意拉伸的方向,遵循拉伸的要点,使应力充分放松。

图2-54 门槛板的侧向拉伸

(7)侧向拉伸中柱

车身的中柱在碰撞中也会变形需要拉伸(见图2-55),在车门的铰链、门锁安装点、车门裙边的焊接接口处都会有一些数据尺寸,通过测量来确定拉伸的程度。在拉伸中柱下部时，为了防止中柱上部也跟着变形，需要用尼龙带在中柱上部进行辅助牵拉（见图 2-56）。

图 2-55 中柱的拉伸

图 2-56 中柱拉伸时要辅助定位

2.6 校正后的检查

修理（包括所有校正和焊接操作）完成以后，要对车辆进行最后的检查。在检查时，车身修理人员需要绕着汽车周围观察，看看是否有明显的校正错误。如果在车顶线和车门之间出现大的缝隙，就说明还有少量损坏存在。检查修理顺序，看每一项是否都做好了。如果检查中发现问题，应马上将车固定起来，重新进行拉伸，不要等到更多的修理程序完成之后，又发现损坏，再来修理。检查时应该注意以下几点。

① 检查车门与车门槛之间的空隙（应该是一条又直又窄的缝隙）。
② 检查整个车身上部所有部位总的平整情况。
③ 然后开、关车门，以及发动机罩盖、后备箱盖，看开关时是否感觉过紧。（见图 2-57、图 2-58）。

最终检查完毕之后，汽车可留在校正台上，重新装上那些修理前被取下的部件，然后再

图 2-57 安装车门

图 2-58 检查车门的配合间隙

从校正台上搬下来。

2.7 拉伸校正中的测量

超声波测量系统一次可以测量多个测量点，对几个点同时测量监控。可以选择持续测量实时监控模式，系统会自动每隔很短时间发射一次超声波进行测量，会把最新的测量结果在显示器上实时刷新。在校正过程中，修理人员可以很直观地注意到车身尺寸的变化情况（见图 2-59）。

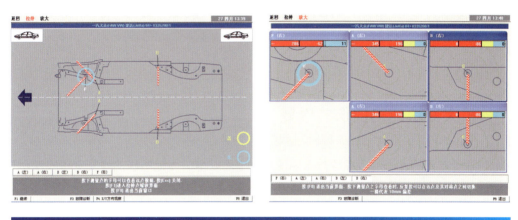

图 2-59　拉伸中数据显示界面

超声波测量系统在测量过程中测量不会相互干扰，系统每隔 1~2s 会自动重新测量一次，把环境对它的影响减小到最小。操作中不用调节水平，计算机自动找正，而且不会因为发射器、接收器的位置移动而改变数据。可以实现车辆碰撞修理前的预检、测量、定损、修理中的测量监控以及修复后的数据存储打印等工作。

第3章 钢钣件变形修复

车身钢钣件的损伤主要是各种碰撞变形,修复的基本工艺就是采用钣件的手工修复工具和外形修复机进行修复。在进行钢钣件的整形操作时要熟悉钣件的性能特点,选用合理的修复工艺,故对于钣金的修复工具要掌握其正确的使用方法。

3.1 车门外板大面积凹陷损伤的修复

车门外板在受到外力的碰撞导致凹陷变形。下面以车门外板凹陷的修复步骤来说明修复操作的过程。

① 一辆车的车门外板受到外力撞击,形成一个大的凹陷区域(见图3-1)。

② 拆卸车门上的装饰件,如图3-2所示。

图3-1 受到碰撞损伤的车门

图3-2 拆卸车门上的装饰件

③ 使用干净的布对车门外板凹陷区域和气动吸盘的橡胶盘面进行清洁,清除板上和盘面上的灰尘、杂质。

④ 根据凹陷面选择适当的拉拔头,把气动吸盘的橡胶吸盘轻轻接触到车门板上,然后用一定的力压紧,接通气源;打开开关,抽出吸盘与门板间的空气形成负压,使得吸盘紧紧地吸在门板上(见图3-3)。

⑤ 用气动吸盘上的滑锤拉出凹陷,同时用橡胶锤不断从凹陷的边缘开始向凹陷最深处敲击(见图3-4)。

图 3-3 把橡胶吸盘吸在门板上

图 3-4 吸盘吸住门板同时用橡胶锤敲击

⑥ 把损坏区域的折痕处用笔画出（见图 3-5）。

⑦ 对于损坏区域的局部折痕比较轻的区域使用橡皮锤敲击（见图 3-6）。

图 3-5 在门板上画出折痕位置

图 3-6 用橡胶锤敲击折痕位置

⑧ 如果用橡胶锤不能把折痕位置整平，就需要使用钣金锤或匙形铁对损坏区域的局部折痕进行敲击（见图 3-7）。

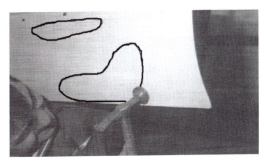

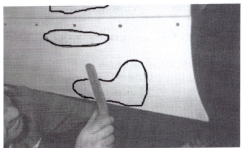

图 3-7 用钣金锤或匙形铁敲击折痕

⑨ 使用垫铁。在大致修整阶段，垫铁用作冲击工具。可用垫铁敲击金属的内侧，使低的部位升高，或者使各种折损展开。垫铁还可以作为铁锤的支撑物。将垫铁作为铁锤的支撑物有两种敲击方法：铁锤在垫铁上敲击法（正托）和铁锤不在垫铁上敲击法（偏托）。

a. 正托法。 采用铁锤在垫铁上的敲击法来修整金属板（见图3-8），将垫铁直接置于金属板背面，用钣金锤在另一面直接锤击变形部位［见图3-8（a）］。 选择端面合适的垫铁紧贴于小凹凸的背面，用平锤轻轻敲击金属表面的凸起或小凹陷的周围，使板类构件表面变得更加光滑、平整［见图3-8（b）］。 正托法敲平容易使金属造成延展变形，常用于修平钣金件和延展金属。必要时要进行收缩操作以消除金属的延伸变形。

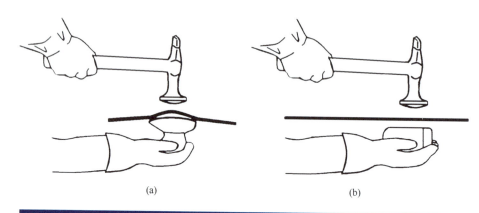

(a)　　　　　　　　　　　　(b)

图3-8　正托法

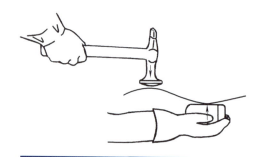

图3-9　偏托法

b. 偏托法。 采用铁锤不在垫铁上的敲击法来修整金属板时，将垫铁放在金属板最低处的下面，用铁锤敲击附近的高处（见图3-9）。偏托法操作可以避免修复过程中的受力不均。很小的压痕、很浅的起伏、轻微的皱折都可以用这种方式修复，而不会破坏油漆层。

⑩ 用手触摸门板，通过手的感觉找出门板的凸凹不平之处（见图3-10）。

⑪ 使用气动磨削盘对凸凹不平的部位进行磨平（见图3-11）。

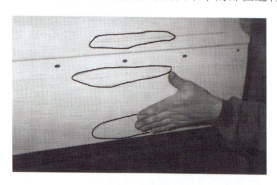

图3-10　用手触摸找出不平部位

图3-11　使用气动磨盘磨平

⑫ 最终通过手在修复区域进行大范围触摸时，感觉不到细小的凸凹不平（见图3-12）。

⑬ 车门外板的损坏得到修复（见图3-13）。

图 3-12 用手再次检查不平部位

图 3-13 修复完毕的门板

3.2 车门槛板碰撞损伤修复

车门槛板受到碰撞产生比较严重的损伤，由于此处是一个封闭的空间，不能从内部进行敲击修复，只能使用具有电流调整性能的外形修复机（见图 3-14），它可以很轻松地把钣件上的凹陷拉出来。外形修复机可以焊接垫圈、焊钉、螺柱、星形焊片等进行拉伸操作，还可以使用铜触头和碳棒进行收缩操作。

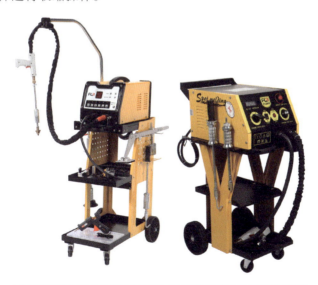

图 3-14 多功能外形修复机

① 对碰撞区域观察可以发现，门槛板的侧面受到冲击产生向内的变形，门槛板的上面和下面由于侧板的凹陷会产生隆起（见图 3-15）。

② 使用尼龙砂轮打磨损伤区域的油漆，把底层的金属板暴露出来（见图 3-16）。

③ 用外形修复机在凹陷区域的多处部位焊接垫圈（见图 3-17）。

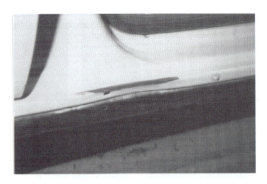

图 3-15 门槛板的碰撞损坏

图 3-16 使用尼龙砂轮打磨

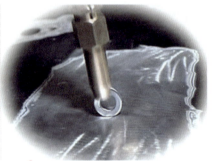

图 3-17 焊接垫圈

④ 使用滑锤勾住垫圈进行拉伸（见图 3-18）。

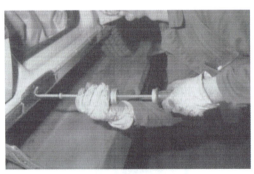

图 3-18 对凹陷部位进行拉伸

图 3-19 敲击上板的变形

⑤ 对门槛板上板的变形进行敲击，在进行大力敲击时，可以通过木板进行大力敲击（见图 3-19），使得敲击分散到较大的部位，不会引起敲击部位附加的损坏。

⑥ 对门槛板下板的变形进行敲击（见图 3-20），操作方法与上板的方式相同。

⑦ 在修整中要不断用手去感觉变形部位的恢复情况（见图 3-21）。

第3章 钢钣件变形修复

37

图3-20 敲击下板的变形

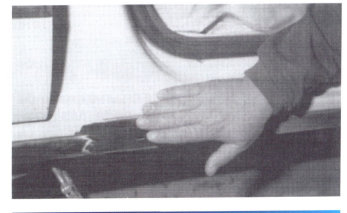

图3-21 用手感觉变形部位恢复情况

⑧ 对局部的没有恢复的凹陷继续焊接垫圈，继续进行拉伸（见图3-22），同时使用钣金锤对变形部位进行敲击修整。或使用动力千斤顶将一个或许多个垫圈向外拔（见图3-23）。

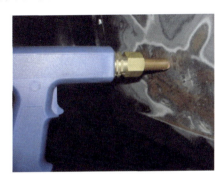

图3-22 用凹陷拉出器对凹陷部位再次焊接垫圈进行拉伸

⑨ 在拉伸部位的焊接拉伸点位置可能会产生凸起，对这些凸起进行热收缩，使这些凸起部位恢复到原先的高度（见图3-24）。

可用外形修复机进行热收缩：

a. 在需要进行热收缩的部位用砂轮清除油漆层。

b. 外形修复机的焊枪更换上热收缩电极触头，把外形修复机的搭铁连接到要修复的钣件上。

图3-23 用动力千斤顶拉伸凹陷

c. 打开并调整外形修复机的电流、时间等参数。

d. 把热收缩电极触头接触到隆起的部位（见图3-25），按下开关接通电源，电极通电后在钣件接触部位由于电阻热而使钣件变红。

e. 待红色消失后，用湿抹布使收缩部位冷却。

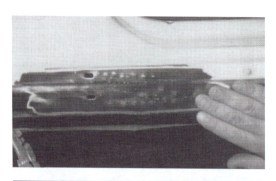

图 3-24 对拉伸的凸起进行收缩

f. 对要收缩部位进行反复收缩操作，直到隆起部位与周围钣件高度一致。

g. 用电极触头收缩时同样会破坏钣件背面的防腐层，所以要进行防腐处理。

h. 还可以使用修复机配备的碳棒对高出区域进行收缩（见图 3-26），用碳棒收缩时不用湿抹布冷却，因为碳棒与金属接触的部位的温度不高。

图 3-25 用铜触头对钣件的高点进行收缩　　　图 3-26 使用碳棒进行收缩

⑩ 使用气动砂轮磨盘对变形部位进行磨平（见图 3-27）。

⑪ 最后可以用钣金锉对变形修复部位进行处理，使变形部位与其他部位的高度一致（见图 3-28）。

被损坏的部位经过敲击和拉出以及尽可能地修整以后，还要用车身锉来寻找剩余的高点

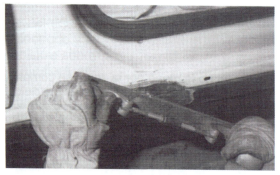

图 3-27 对变形部位打磨修平　　　图 3-28 用钣金锉修平

和低点(见图3-29)。

从未损坏区的一边开始锉,然后穿过损坏区,到达未损坏区的另一边。采用这种方法时,可以使损坏区与未损坏区的形状保持一致。在锉的过程中,应该握住手柄向前推,用手握住锉的头部,以便控制压力的大小和方向。每次锉的行程应尽量拉长。在返回的行程中,用手柄将车身锉从金属上拉回。当锉一个很平坦的部位时,将锉与推进方向成30°角水平地推,也可将锉平放,沿着30°斜角的方向推(见图3-30)。在隆起的金属板上,应将锉平放,并沿着原来的凸起处平推,或者沿着凸起处最平坦的方向平放,以30°或更小的角度向一边推(见图3-31)。

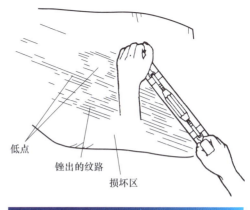

图3-29 使用车身锉修平

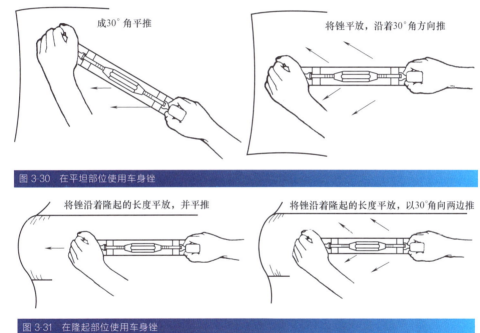

图3-30 在平坦部位使用车身锉

图3-31 在隆起部位使用车身锉

用车身锉可以找出金属板上所有的低点,然后拉高各个低点,敲平各个高点,再用车身锉寻找。反复进行这一操作,直到消除所有的低点和高点。

⑫ 使用焊接销钉或垫圈拉出凹陷处理完毕后,把面板上去除涂层的部分进行防腐处理(见图3-32),注意面板焊点的反面和搭铁部位也要进行处理,因面板的背面由于焊接产生的热量会破坏防腐层,所以要进行防腐蚀处理,在内部喷涂防腐剂。

图3-32 喷涂防腐剂

第4章 铝合金钣件变形修复

铝合金钣件的熔点较低,加热后极易发生变形,而且受加工硬度的影响很难成形,如果强行加以修复会使损伤部位出现裂纹甚至发生断裂。所以,铝合金车身发生一定程度的损伤,厂家建议对受损部件进行分体或总体更换。但是,由于铝合金车身的更换难度很大,对工具设备要求很高,同时,由于部件的造价很高;所以对一些轻微损伤的面板部件还是以修复为主。

4.1 采用传统钣金修复

对铝板进行钣金操作时,由于铝板的强度比较低,不能使用常规钢板的整形工具。一般使用表面是橡胶或木制的锤或垫铁来进行维修(见图4-1),可以防止在校正中铝板因敲击过重产生过度拉伸。用铁锤和垫铁校正铝板的方法与前面介绍过的校正钢板的方法基本相同,但是也有下面的不同点:

图4-1 修复铝板用的橡胶锤、木锤和木垫铁

① 一般建议采用铁锤不在垫铁上的敲击法来校正铝板,如图4-2所示。由于铝板的可延展性不及钢板,在受到碰撞而变形后,铝板不容易恢复原来的尺寸。因此,采用对铝板的变形较缓和的铁锤不在垫铁上的敲击法。为了降低隆起处的高度而用铁锤和垫铁敲击时,必须注意不要加重损坏的程度。

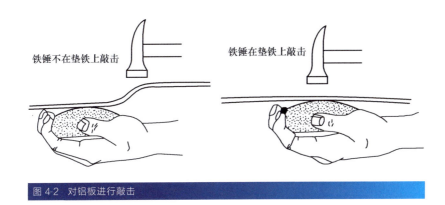

图 4-2 对铝板进行敲击

② 采用铁锤在垫铁上的敲击法时，如果锤击太重或次数太多都会拉伸铝板，所以这时应该多次轻敲，而不能只是重敲一、二次。

③ 用于修理钢板的收缩锤不可用于铝板，以免使铝板开裂。钢板和铝板应使用不同的工具来修整。

④ 裸露的铝表面上不可涂敷填充剂或油灰。第一次使用前，应先涂上环氧树脂底剂。另外，也不能使用铅性填充剂，因为铅会降低铝的耐腐蚀性。

4.2 用铝外形修复机修复铝板凹陷

对铝板一些用锤和垫铁不好操作修复的部位可以使用铝外形修复机，如图 4-3 所示，铝外形修复机与钢外形修复机修复的工作原理相同，也是在铝板上焊接介子，铝板焊接的介子是铝焊钉。然后通过介子对铝板进行拉伸，达到修复的效果。

铝外形修复机和钢外形修复机的结构不一样，钢外形修复机内部有线圈变压器，通过线圈变压器变成低电压高电流，然后通过垫圈与钢板接触通电产生电阻热熔化钢铁焊接在一起。铝的电阻大约是钢的 1/4～1/5，对铝焊接时的电流就需要

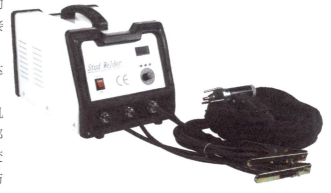

图 4-3 铝外形修复机

钢铁焊接的 4～5 倍，很难做到这么大的电流。铝外形修复机内部没有线圈变压器，里面有十几个大容量的电容，通过所有电容瞬间放电来焊接。铝焊钉的头部有一个小尖与铝板接触，接触面积小电阻大，产生电阻热大，容易焊接。如果铝焊钉的没有尖头就不能用了，这么大的接触面积正常的焊接电流不能够焊接。所以铝焊钉是一次性使用的，不能重复再用。

(1) 清除氧化层

把需要焊接修复的铝板上的氧化层清除干净，如图4-4所示，否则焊接不牢固。清洁后应该马上焊接，时间长了表面会重新氧化，超过2h需要重新清除氧化层。

(2) 调整焊接电流

把焊钉安装在焊枪上，如图4-5、图4-6所示，接通铝焊机的电源，调整合适的电流大小。

图4-4 清除焊接部位的氧化层

图4-5 铝修复用的专用铝焊钉

(3) 焊接铝焊钉

把焊钉用一定力压在铝板上（不能太大或太小），焊钉要与铝板接触面垂直，如图4-7所示。按压焊枪的启动开关，焊钉通电后会焊接在铝板上，如图4-8所示。

(4) 拧连接件

把拉伸连接件拧到焊钉的螺纹上，如图4-9所示。

图4-6 焊枪

图4-7 焊接铝焊钉

图4-8 焊接在铝板上的铝焊钉

(5)加热

在板材矫正之前，应对铝板适当加温；不加热可能造成铝板开裂。传统的测温方式是采用热敏材料，也可用铝车身整形配备红外测温仪，如图4-10所示，温度控制更加准确，加热温度一定控制在60~180℃；不能超过200℃（铝的熔点只有680℃）。

图4-9　连接拉伸连接件

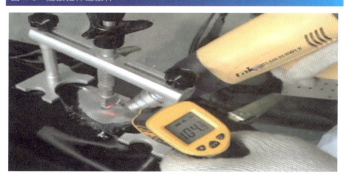

图4-10　加热铝板

(6)拉伸操作

通过拉伸连接件对铝板凹陷处进行拉伸操作。动作要轻柔，力量要慢慢加大，防止局部变形过大，拉伸同时可以用钣金锤对拉伸部位进行敲击整形，但应减少使用。

对凹陷进行拉伸修整时可采用以下形式：小损伤直拉架，如图4-11所示；单支点拉架，如图4-12所示；双支点拉架，如图4-13所示。

图4-11　小损伤直拉架

图4-12　单支点拉架

图 4-13 双支点拉架

（7）清除焊钉

拉伸完毕后，用尖嘴钳清除焊接在表面的焊钉，如图 4-14 所示。

（8）打磨平整

焊接部位用锉或打磨机打磨平整，如图 4-15 所示。铝板处理后不用单独的防腐处理，因为铝板会马上形成氧化膜阻止进一步的氧化。

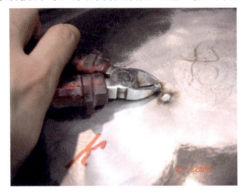

图 4-14 清除铝焊钉

图 4-15 打磨修平维修部位

4.3 免漆凹陷修复

铝车身免漆凹陷修复技术是近些年才开始兴起，由于铝车身出现较晚，目前没有电磁设备进行修复，所以只能采用杠杆内支撑修复和强力胶粘凹陷修复技术进行维修，由于铝车身表面硬度高，气动拉拔器效果不明显。

在使用杠杆内支撑维修时，由于车身较硬，可以适当加热进行修复。

可以采用热风枪进行加热，但是注意以下几点：

① 采用持续加热的方式，使车身表面受热降低工作强度。

② 加热距离保持在 40cm 以上，不应过近。

③ 用红外测温仪，定时检测温度，白色等浅色车漆表面控制不能超过 60℃，其他颜色的车漆表面，温度尽量控制在 50～70℃。

第5章
电磁凹陷修复

电磁凹陷修复主要是针对钢制车身的凹陷修复,采用的是电磁加热技术,对凹陷的周围进行迅速加热,通过热胀冷缩的原理对凹陷进行自动恢复。

5.1 免漆凹陷修复基础

5.1.1 凹陷修复的起源和优势

汽车凹陷修复技术起源于20世纪40年代的德国奔驰。最初德国奔驰的钣金工艺,因锻造技术不成熟,钣金件上偶尔会出现大面积的凹陷,所以师傅们发明了反面摩擦修复凹陷的方法,这也是早期的凹陷修复技术。随着锻造技术的逐渐成熟,该技术被搁置了很长时间。在20世纪70年代,美国的一场冰雹改变了这一现状,这场冰雹把成千上万的刚刚出厂准备交付的车辆砸得坑坑洼洼,由于损毁的车辆很多,交车时间又紧,所以美国的一个科研团队再次对汽车凹陷修复技术进行了改进,之后又不断地被德国、日本、韩国等国的技术人员改进并推广,成为今天的汽车凹陷修复技术,此技术目前在很多国家已经得到普及。

汽车凹陷修复技术是在不动原车漆的前提下,采用电磁、杠杆动力学原理及强粘合对凹陷部位进行无损伤直接修复,修复效果与原车漆一模一样,如图5-1所示,从而避免了底材

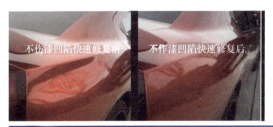

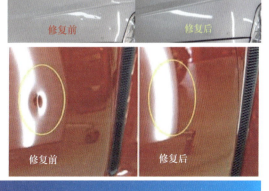

图5-1 几种车身修复前和修复后的对比图

的打磨、原子灰刮涂、喷漆、烘烤等烦琐操作对车漆造成的损伤。

5.1.2 免漆凹陷修复的范围

① 凹陷无论大小，必须是漆面没有被破坏。因车辆原厂油漆是高温烘烤，有很强的韧性，有时凹陷虽很大且有很大的拉伸，但是漆面仍旧没有损坏，所以原厂油漆的防腐、光泽、韧性都要强于修补漆，不装内饰及配件的情况下可做表面处理。

图 5-2　漆面进行过喷漆处理

② 凹陷部位没有进行过喷漆作业。未经过维修发生的事故，造成不伤漆表面的凹陷，如图 5-2 所示。由于底层处理情况难以判断，漆面没有损伤，但是在维修过程中可能因为原子灰的原因导致漆面断裂。

③ 产生的凹陷必须是容易维修之处。凹陷发生的部位不同，维修的难易程度也不同，如图 5-3 所示，个别部位由于内衬和加强筋等问题，导致维修难度过大，加强筋和护板处需要破除才能方便维修，如图 5-4 所示；也可能产生无法维修的情况，如图 5-5 所示。

例如：车门、发动机盖边缘、下衬板等死角处。

图 5-3　凹陷修复难易程度的一般分布

图 5-4　加强筋和护板处需要破除才能方便维修

图 5-5　红线为无法修复的部位

5.1.3 不伤漆面凹陷的种类

① 按形成凹陷的方向分类，可分成正面凹陷和侧面凹陷。

正面凹陷，如图 5-6 所示，多数为落物造成，一定会有一个较深的着力点，维修有一定的难度。

侧面凹陷，如图 5-7 所示，比较复杂，而且维修过程中，因为位置问题，施工较难。

② 根据凹陷形状分类，条形坑，如图 5-8 所示；圆形坑，如图 5-9 所示；椭圆形坑，如图 5-10 所示；鸡眼坑，如图 5-11 所示，类似冰雹坑，较深的小圆坑；不规则坑，如图 5-12 所示；大面积凹陷，如图 5-13 所示。

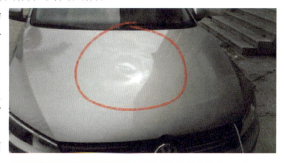

图 5-6　正面凹陷

图 5-7　侧面凹陷

图 5-8　条形坑

图 5-9　圆形坑（冰雹）

图 5-10　椭圆形坑

图 5-11　鸡眼坑

图 5-12　不规则坑

图 5-13　大面积凹陷

③ 按部位分类，可分为前机盖凹陷、前后车门凹陷、车顶凹陷。

④ 按内衬板的层数，可分为单层部位凹陷、双层部位凹陷和多层衬板凹陷。

5.2 电磁凹陷修复

5.2.1 电磁修复

电磁修复主要是针对钢制车身凹陷而进行的修复，采用的是电磁加热技术，对凹陷的周围进行迅速加热，通过热胀冷缩的原理对凹陷进行自动恢复。

优点：操作简单，方便。

缺点：应用范围受局限，同时需要配合其他维修方法使用。

5.2.2 秒复仪

电磁修复技术的核心设备——秒复仪，如图 5-14 所示。

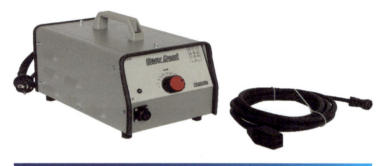

图 5-14 秒复仪

5.2.3 秒复仪温控时间调节

秒复仪只有一个调节旋钮，从"0"到"100%"是代表加热功率和加热时间与总功率和自动断电时间的百分比，加热功率加大的同时加热时间也相应加长，深色车身从 40% 开始增加，白色等浅色车从 20% 开始增加。

5.3 电磁凹陷对车身修复

5.3.1 安装和调整

安装如图 5-15 所示，调节温控时间如图 5-16 所示。

图 5-15　连接电源线

图 5-16　调节温控时间

图 5-17　先标记凹陷的外边缘

5.3.2　秒复仪的基本操作

① 圆形凹陷，先标记凹陷的外边缘，距离外缘 10mm 左右，如图 5-17 所示。使用秒复仪延凹陷边缘向外 10mm 处进行加热，如图 5-18 所示，注意要均匀加热，当凹陷收缩时，逐步向凹陷中心移动。

注意：加热时不能先中心后周围，更不能随便选点加热。

② 使用其他方法，将冰雹坑的最终受力点进行修复；达到消除集中应力以后，再使用秒复仪进行修复，用电磁加热一遍，延边缘到中心，如图 5-19 所示。

图 5-18　延标记进行加热

图 5-19　用电磁加热延边缘到中心

③ 不规则坑，要先进行其他方式修复，当凹陷减小以后，逐步变成几个圆形缓坑时再使用秒复仪修复。

④ 使用杠杆内支撑修复以后的车身表面，要使用秒复仪进行一次维修，可以将许多微小凹陷整平，相当于"收火"。

⑤ 若出现整个凹陷部位凸起，这是膨胀太大造成，用湿毛巾降温可恢复，也可以自然冷却恢复。

第6章
杠杆内支撑凹陷修复

杠杆内支撑凹陷修复技术是手工技艺加专用工具统一协同配合的技术,是可以充分体现"工匠"精神、长期传承的汽车维修技术。

通常情况下,车身修复人员根据因外界力量撞击而形成的凹陷,利用传统的修复技术,并借助于外形修复机在比较短时间内完成修复,这种维修方法的优点是维修范围广,但缺点是专业水平要求高,工作效率较低,劳动强度较大。但在电磁秒复仪维修方式出现以后,杠杆内支撑凹陷修复工艺配合秒复仪工作成为最主要的维修工艺,大大提高了生产效率,降低了劳动强度。图6-1所示为杠杆内支撑设备。

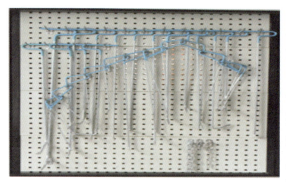

图6-1 杠杆内支撑设备

6.1 杠杆内支撑修复方式工作原理

杠杆内支撑是利用光学、力学及化学等多方面技术原理,实现还原修复,无需传统的钣金技术就可以让车辆恢复原有状态。

首先,可以利用杠杆内支撑设备顶起最深点,把1个的凹陷变成2个较小的凹陷,且这2个凹陷也都存在着最深的点。

其次,继续顶起新的最深点,使凹坑继续分裂,形成更多个小凹陷,使漆面纹理恢复到与原车漆相似的程度,直到肉眼难以分辨,如图6-2所示。

这种技术十分简单,不需要复杂的工具,但是对于维修人员,即使一个如拇指甲大小的凹陷,也需要长时间的专业化训练及

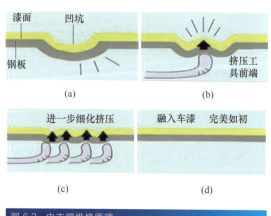

图6-2 内支撑维修原理

操作，才能真正做到尽可能完美的修复。由于汽车漆面不是一层，经过原厂高温烤漆后附着力强，漆层厚度较小，所以维修较为容易，如果经过修补以后，增加了底漆、中涂底漆、原子灰等多层结构，可能造成无法修复或维修过程中漆面破裂的情况出现。

6.2 杠杆内支撑凹陷修复的操作

6.2.1 清洁损伤漆面

首先擦洗凹陷损伤区域及其周围的表面，如图6-3所示，必要时进行抛光。抛光时将抛光盘平面与被抛光的漆面保持的角度为5°~15°，并掌握好力度，如图6-4所示，其目的是增强漆膜表面的光亮度，提高反射效果。重点检查漆面是否有龟裂、破损。清洁后可能会发现漆面的微小损伤，在修复过程中会放大损伤，如果发现这种损伤，应选择其他维修方式。

图6-3 抛光剂涂敷

图6-4 进行抛光作业

6.2.2 选择工具和选择进入内部的方式

由于需要内支撑，必须进入部件内部，确认进入以后方可开始维修。主要进入方式有如下几种。

① 拆除顶部内衬，如图6-5所示。前机盖、后机盖、车大顶等有内衬的部件，需拆除内

图6-5 拆除顶部内衬

图6-6 拆除大灯

衬和可能遮挡的部件。

② 拆卸其他部件，利用相同方式进入。比如拆卸前、后大灯，如图 6-6 所示，可进入翼子板部位进行维修，如图 6-7 所示。

③ 维修车门时，需要将车门打开一定角度，可用专业的工具支撑、固定车门，如图 6-8 所示。修车门表面时需要将玻璃落下，然后从缝隙插入内支撑，如图 6-9 所示。

图 6-7　翼子板下方打孔进入

图 6-8　固定车门

④ 打孔进入，在部分无法进入的部位，可以选择在相邻不影响美观的边角处打孔进入，维修后用塑料扣堵住，如挡泥板、车门等地方，以免影响密封性能。

⑤ 破除黏结胶，内衬分层进入。

⑥ 其他进入方式，选择就近车辆其他部件的缝隙、孔洞进入，如图 6-10 所示。

图 6-9　沿车门玻璃缝隙进入

图 6-10　选择就近缝隙、孔洞进入

6.2.3　安装整平灯

在汽车受损部位的附近安放一盏凹陷修复专用的整平灯。尽量选用可用于钢、铝车身表面的气动底座整平灯。如果侧面整形时采用底座是磁性的，则可将灯放置在汽车钢车身表面的任意位置，磁铁底座需用软材料包裹，以避免损伤漆面，也可以用独立支架将整平灯架起使用。使用时注意调整整平灯照射角度，投影灯面板上的直线条要能够投影在损伤区域及其周围的表面上。如果凹陷部位是鸡眼坑、圆形坑、小椭圆坑，整平灯要放置在正对面，如图 6-11 所示；如果凹陷部位是条形坑、大椭圆坑，则整平灯与坑平行，如图 6-12 所示。安装整平灯主要有三种方式：

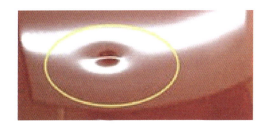

图 6-11 正面放置整平灯

图 6-12 平行放置整平灯

① 真空吸盘，如图 6-13 所示；
② 强磁铁吸附，如图 6-14 所示；
③ 用支架安装，如图 6-15 所示。

图 6-13 用真空吸盘

图 6-14 用强磁铁

图 6-15 用支架

6.2.4 基本操作流程

① 以工作窗口或孔隙的边缘为支点，把支撑杆顶端伸入到凹陷区域的背面。

② 准确找到支撑点，先仔细观察漆面及投射线的变化，判断支撑点。

③ 按动把柄，撬动、顶撑凹陷区域，应先缓缓用力，从凹陷区域外围开始，然后逐步向凹陷区域的中心移动。

④ 在顶撑时要适度用力，并随时观察整平灯投射在凹陷区域的投影线，逐渐使该投影线与周围的投影线平齐或与曲率一致。

> 注意：支撑杆支撑凹陷区域的支撑点的顺序
> ① 圆形坑：由中心点开始沿顺时针方向开始支撑（点要密集，力量始终，不能顶出高点）横向拉线。
> ② 椭圆坑：把椭圆坑分为三部分竖向拉线，直到第一部分做平整再做第二部分，以此类推。
> ③ 条形坑：先做坑底，点要密集，力度适中，直到形成椭圆坑，再按照椭圆坑的修复方法进行修复。
> ④ 不规则坑形：首先判断由几个坑形组成，按照不同坑形的修复方法以此进行修复。

6.3 修复凸起

使用修复笔和修复锤进行敲击周边原有的小凸起或因顶撑过度造成的凸起，对于过于细小的凸起，将修复笔锥部对准凸起处，通过锤击修复笔锥部来间接修正，这样既精准又不损伤漆面。

捶击时应时刻用肉眼观察凹陷损伤区域与周围的投影线，当平齐或曲率一致时，就可认定修复到位。

漆面也不是绝对平整，原车漆面也会有橘皮纹路，由于纹路不同导致折射光线不同。所以，要将修复后的油漆表面用修复笔进行防橘皮处理；让修复后的漆面和原有漆面尽量一致。

6.4 凹陷修复后的漆面处理

所有凹陷修复后需要进行一定的表面处理，以达到完美如初的效果。

6.4.1 电磁整平

只要有凹陷，基本都有拉伸；使用电磁秒复仪加热后用凉水湿过的毛巾使漆面迅速冷却，可以将许多观察不到的细小凹陷拉伸恢复。

6.4.2 漆面养护处理

漆面养护处理的具体步骤如下。

（1）清洗整车

用去污力强的漆面清洗剂清洗整车，在清洗时，应避免出现新划痕。

（2）打磨缺陷

对于漆面有粗粒、细微砂纸痕、流痕等缺陷，用 P2000 水砂纸，沾水包于小橡胶衬块内，对其轻轻打磨至平整，且不能磨穿漆层。

（3）研磨

先粗研磨，采用抛光机加上 P54 粗研磨膏粗磨水砂纸引起的痕迹；再细研磨，用抛光机加 P73 研磨膏细研磨痕迹。

（4）抛光

对粗研磨膏留下的旋印，可用抛光机加 P96 镜面处理剂抛光，达到漆膜如初的美容效果。

第7章 强力胶粘凹陷修复

强力胶粘凹陷修复技术是在不动原车漆的前提下进行无损伤直接修复，修复效果与原车漆一模一样，从而避免了喷漆的打磨、涂原子灰、喷漆、烘烤的烦琐操作对车漆的损伤。尽量保护原车漆，不仅降低维修成本，环保，节约能源，更体现一种工匠精神，同时，保留原车漆可以使车辆更加保值。

无需破坏漆面，同时不需进入凹陷内部，所以方便快捷，是免漆凹陷修复的主要维修方式。

操作步骤：

① 清洁凹陷表面，去除车身之前的镀晶、贴膜等。

② 根据凹陷的形状、大小选择拉拔头（见图7-1）。

图 7-1 各种型号的拉拔头

③ 使用电加热胶枪，对强力胶进行加强热，如图7-2所示。

注意：出胶口有胶流出即可。

④ 将强力胶涂抹在拉拔头接触面，如图7-3所示，胶达到一定量，可以完全将拉拔头粘接在凹陷最深处。

图 7-2　对强力胶进行加强热

⑤ 拉拔的过程可以根据凹陷种类选择不同的拉拔工具；直拉锤是采用钣金锤冲击的方式，一次性拉拔。直拉架是逐步拉拔，如图 7-4 所示。

图 7-3　将强力胶涂抹在拉拔头接触面

图 7-4　采用螺杆旋动拉拔

⑥ 拉拔头从强力胶中脱出后，需向强力胶表面喷涂除胶剂，如图 7-5 所示，喷涂后稍等几秒，用除胶铲将强力胶去除。

图 7-5　喷涂除胶剂清除强力胶

⑦ 反复操作，达到凹陷修复效果。

第8章 车身钣件的更换

车身上一些外覆盖钣件受到损伤,可以对其进行钣金加工处理来消除钣件上的凸起、凹坑和皱褶。对于一些损坏严重、锈蚀严重的钣件,无法修复只能进行更换。当钣件发生某些程度损坏时就需要进行切割,然后再更换。

8.1 车身外覆件的更换

车身的外部金属薄板的连接有些采用紧固件。如翼子板等部件的安装采用紧固件的方法既简单又快捷。为了正确对中,在紧固螺栓以前需要检查和测量相接的和相邻的钣件。当有螺栓孔与新钣件的螺栓孔不同心、钣件之间的缝隙不均匀整齐等问题时,要调整或校正相关联的钣件。

车身上大部分钣件采用焊接连接,焊接更换新钣件时要求作大量的准备工作,要小心地校正。下面介绍钣件更换典型的操作过程。

8.1.1 车辆的准备

拆卸损坏的钣件以后,待修理的汽车要做好安装新钣件的准备。工作步骤如下。

① 磨掉点焊区域焊缝的痕迹。用钢丝刷从连接表面上清除掉油泥、锈斑、油漆、保护层及镀锌层等。不要磨削结构性钢板的边缘,否则会磨去金属使截面变薄,并削弱连接强度。还要清除钣件连接表面后面的油漆和底漆(见图8-1),因为这些部位在安装时要用电阻点焊焊接。

② 整平钣件相配合的凸缘上的凹坑和凸起(见图8-2),保证焊接时两层钣件能很好地配合,没有缝隙。

③ 在油漆和腐蚀物已从连接面上清除、基体金属已经暴露的区域,应涂上可导电的防锈底漆(见图8-3)。因为连接的表面再不能进行涂漆,所以焊接前要采用防锈底漆处理。

8.1.2 新钣件的准备

因为所有新部件都涂有底漆,所以必须从焊接的结合面上清除掉底漆,以使焊接电流在电阻点焊时能顺利地流动。在不能进行电阻点焊的地方,可钻孔,采用塞焊方法(采用的塞孔直径要适合钣件的厚度)。新钣件的准备步骤如下。

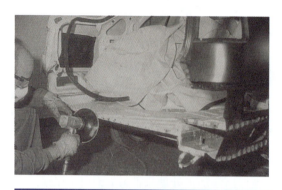

图 8-1 清除连接钢板表面的底漆

图 8-2 修整连接钢板

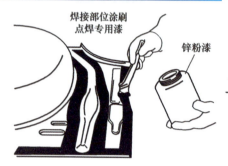

图 8-3 焊接部位涂刷防锈底漆

图 8-4 清除焊接区域的油漆

① 用尼龙打磨机清除点焊区域两边的油漆（见图 8-4），不要磨削到钣件，并且不能使钣件过热变成蓝色或开始变形。

② 焊接表面清除油漆层后，要刷涂防锈底漆（见图 8-5）。刷涂底漆时要小心，以防从连接表面上渗出。如果发生渗漏，在喷涂油漆时将有不利的影响，需要做额外的工作，因此要用浸有溶剂的布清除多余底漆。

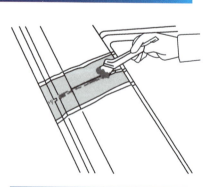
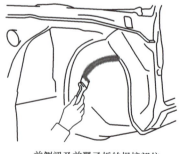

图 8-5 焊接部位涂刷防锈底漆

③ 如果新钢板要切割成与现有的钢板搭接的形状（见图 8-6），需要采用气动锯或切割砂轮，或者其他工具，将新钢板粗切到需要的尺寸。钢板的搭接宽度应为 18~24mm。如果搭接部分太大，装配时钣件的配合调整更困难。

8.1.3 新钣件的更换

在修理损坏较大的车身时，新的部件与车身匹配是非常重要的。钣件不对中，将影响修理后车辆的外观和性能。

一般有两种基本的方法来定位车身钣件：一种是用测量的方式，用测量工具来确定安装位置；另一种是目测的方式，通过新钣件与周围钣件之间的相互关系来确定位置。

车身下面的结构性钣件，例如汽车挡泥板和纵梁部件，其精确度对车轮的对中和驱动性能有直接的影响。因此，在承载式车身中更换结构性钣件时，应使用准确的测量定位的方法。结构钣件焊接就位之前，所有的测量数据都必须是精确的，每一块钣件必须精确地定位。

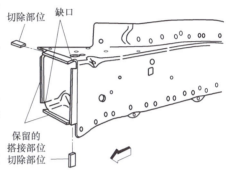

图 8-6　搭接部位接头的处理

新老外覆盖钣件之间的相互配合，对车辆的外形有很大的影响。所以，无论是结构性钣件还是装饰性钣件的更换，重点都在于准确的配合。只有配合准确了，才能保证高质量车身修理所要求的精确与外观。

8.2 车身结构性钣件更换

在承载式车身结构中，所有的结构性钣件（从散热器支架到后端板）都焊接在一起，构成一个整体框架。结构性钣件包括散热器支架、挡泥板、地板、车门槛板、发动机室的纵梁、上部加强件、后纵梁、内部的护板槽、后备箱地板等（见图 8-7）。

结构性钣件是其他车身零部件和车身外部钣件的安装基础。因此，结构性钣件更换后定位的精确性，决定了所有外形的配合和悬架装置的准确性。焊接以前的新钣件不能草率地用垫片进行调整，结构性钣件必须精确地定位后才能进行焊接操作。

图 8-7　车身结构部件

修理结构性钣件时，当需要切割或分割钣件，应完全遵照制造厂的建议。有些制造厂不允许反复分割结构性钣件，另外一些制造厂只有在遵循它们的正确工艺规程时才同意分割（见图 8-8）。所有制造厂家都强调：不要割断可能降低乘客安全性的吸能区区域、降低汽车性能的区域或者影响关键尺寸的地方。

对于高强度钢板区，例如保险杠加强件和侧护板门梁，这些钣件受损后必须更换。在任何条件下，都不能用加热来矫直高强度钢板。

下面以车身前纵梁为例进行更换。

将车辆放在车身校正台上定位，拉伸和校正已损坏但不要求更换的钣件。在更换钣件以前，必须做好所有的钣件校正工作，否则新的钣件就无法正确安装。

校正完成后，将新钣件安装到指定部位，用夹具将新的钣件定位，使用测量系统检查新的钣件与汽车上完好的钣件是否对齐，新钣件的测量点尺寸是否符合误差要求。经必要的调整后将新钣件夹紧在正确的位置，然后将它焊到与之相配合的钣件上。具体操作步骤如下。

8.2.1 拆除旧的钣件

按照所属车型车身维修手册确认焊点位置和焊点数量。使用气动钻钻除所有焊点。依照各车型的车身维修手册确认钢板的组合形态后，选择钻头直径及钻除方向。使用錾子检查所有焊点的钻除情况，但不能施力于錾子上以免使钢板裂开（见图 8-9、图 8-10）。

图 8-8　在纵梁规定的位置进行切割

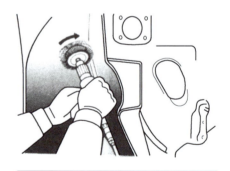

图 8-9　清除油漆

8.2.2 车身准备

在钻除焊点时或剥离钢板所产生的毛刺要磨平（见图 8-11），注意不要把钢板磨薄。进行电阻点焊焊接的部位要清理干净，漏出新的金属（见图 8-12）。

8.2.3 车身结合面清洁

用钢丝刷刷除钢板焊接部位周围的车身密封胶及底层漆。在清洁和去腊后，在钢板焊接的结合面涂抹点焊专用底漆（见图 8-13）。

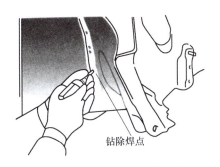

图 8-10 钻除焊点

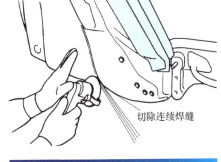

图 8-11 焊点连接部位清理毛刺

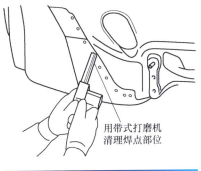

图 8-12 电阻点焊部位清洁漏出新金属

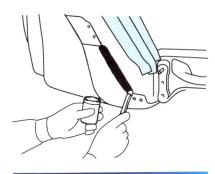

图 8-13 清理干净的焊接表面涂刷防锈底漆

8.2.4 新钣件焊点位置定位

在点焊或塞焊的位置做上不同的记号（见图 8-14），以便于辨认，并在新的钣件上做记号（先决定两端的位置，再分配其余的焊点数）。如果用塞焊则先要在新钣件上钻孔（见图 8-15）。

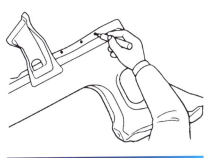

图 8-14 标出电阻点焊位置

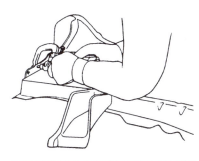

图 8-15 塞焊操作要提前打孔

8.2.5 新钣件清洁

要磨除实施点焊焊接部位的底漆，在磨除底漆的后表面上涂抹点焊专用底漆。

8.2.6 对准装配标记

将前挡泥板和边梁的装配标记对准，并用虎钳夹将它们夹紧。没有参考标记的零件，应根据旧件的相同位置来安装（见图 8-16）。

8.2.7 暂时安装车身前横梁

用锤子和木块依次轻轻地敲击钣件，使它按需要的方向移动，直至彼此相配。同时要用测量工具来确定安装部件的尺寸位置（见图 8-17）。

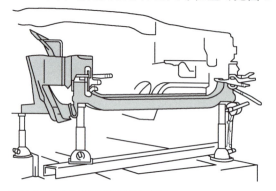

图 8-16 新钣件安装在旧件相同位置

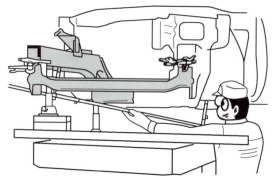

图 8-17 通过测量最终确定新板件位置

8.2.8 初焊

假如测量尺寸与参考值相符，通过二氧化碳保护焊（俗称二保焊）点焊一个点（见图 8-18），暂时安装前地板加强件。定位焊点应选择在容易拆除的部位。用划线笔在不焊接零件的末端划一条位置线并钻一个小孔，用金属板螺钉将这些零件固定在一起。用划线笔在挡泥板安装区域划一条线，但不将这些钣件焊接在一起。

8.2.9 固定水箱框架

依照标准孔或旧零件的装配痕迹来暂时固定安装水箱框架（见图 8-19）。

图 8-18 新钣件定位焊

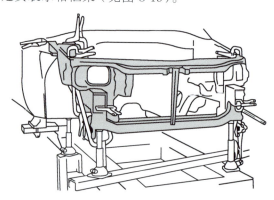

图 8-19 安装水箱框架

8.2.10 调整尺寸

调整尺寸（见图 8-20）。首先进行测量，来确定悬架上支座及前翼子板隔板前后端安装点的定位。检查零件与前大灯左右尺寸的差异，并调整到完美状态。

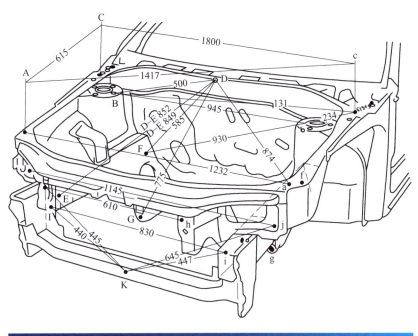

图 8-20 根据标准数据调整尺寸

8.2.11 检查

检查左右翼子板隔板上端的高度。用测量系统测量翼子板前、后安装孔与其他测量点的尺寸，调整到误差范围内。

组装车身覆盖件并检查装配间隙，利用发动机罩铰链和翼子板等的安装痕迹来实施组装，最后的安装间隙焊接后再调整。检查其与门是否正确配合，如果间隙不正确，这可能是由于挡泥板或侧支架高度在左右两边偏离。在此操作中必须判定安装间隙是否调整到范围内。图 8-21 所示为检查外覆盖件安装的配合间隙。

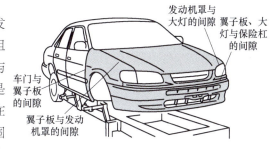

图 8-21 检查外覆盖件的安装配合间隙

8.2.12 核实所有尺寸

在焊接以前，要再一次核实所有的尺寸。使用测量系统对零件定位时，新零件上的测量点应与车身相对一侧上的零件相同，如果尺寸不匹配或不一致，必须校验参考点位置。

8.2.13 焊接

焊接新钢板（见图 8-22）。在焊接时应从强度较高的部位开始焊接，焊接的两个钣件要结合良好没有缝隙，焊接时要采用分段焊接以减小焊接应力与变形。焊接后拆除焊接夹钳，并重新测量。

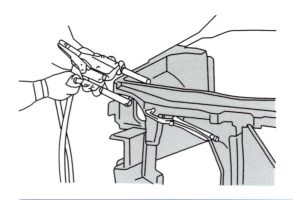

图 8-22　焊接新钢板

8.2.14　表面处理

焊接表面处理见图 8-23。在有些部位能明显看到的焊点必须研磨至钣件平齐，而要喷涂底层漆的部位只要稍微研磨修饰即可。钢板清洁及去油脂后在焊接部位或裸钢板上喷涂防锈底漆（见图 8-24）。

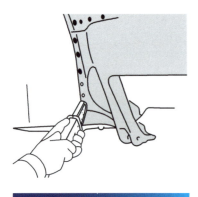

图 8-23　焊接表面处理

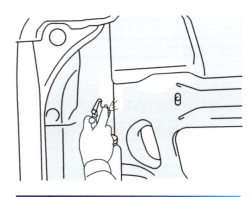

图 8-24　喷涂底漆

8.2.15　装配与调整

在完成涂装后进行车身部件装配。先调整发动机罩的前后方向，冉调整发动机罩和翼子板之间的间隙，然后调整发动机罩高度，最后调整车门与翼子板的车身线高度和曲率。

第2篇

车身的涂装

第9章 车辆的清洗

全车清洗的一般方法是：先使用干净水冲洗，再用中性肥皂水或车辆清洗剂清洗，然后用水彻底冲净，再用压缩空气吹干。

当然，如果车体比较干净，而漆膜损伤区域又比较小，可以用擦拭纸在较大范围内进行清洁处理即可。

9.1 场地和设备的准备

① 可停放大型车辆的混凝土地坪或相当于混凝土的地坪，操作、排污水方便。
② 高压水源。
③ 足够长度的水管，手柄上装有控制喷水的开关。
④ 适度的照明。
⑤ 一定数量的水桶、海绵或泡沫塑料、洗涤剂、门窗玻璃清洁剂、抹布、麂皮等。
⑥ 压缩空气、气管、气枪、防护眼镜或面罩、橡胶手套及防水围裙、水鞋。

9.2 车辆清洗

图9-1 清洗机

① 连接好高压水清洗机的电源和进水管，如图9-1所示。

② 连接好泡沫机的压缩空气管，按规定比例从加液口加入泡沫液和水（水和泡沫液加入量通过观察泡沫机侧面的透明刻度管来确定），如图9-2所示。

③ 调整泡沫机的气压至规定值，如图9-3所示。

④ 取出地毯清洗、晾干，清理烟灰盒、坐垫

等物品。

图9-2 连接泡沫机压缩空气管

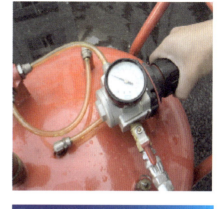

图9-3 调整泡沫机气压

⑤ 关好车门窗。

⑥ 在开始清洗汽车之前将汽车表面淋湿，可以大大减少划伤汽车表面的可能性。可以用高压水清洗机，调整为宽的喷射水流进行喷淋，如图9-4所示。

⑦ 调整高压水清洗机为柱状水流，对缝隙和拐角等容易积存砂土的地方进行冲洗，如图9-5所示。

⑧ 喷涂泡沫。对车身外表喷涂泡沫，如图9-6所示。

图9-4 调整喷射水流进行喷淋

图9-5 调整柱状水流进行冲洗

⑨ 戴好兔毛手套（或用软海绵块）擦车，如图9-7所示。擦车时按从上到下、从前到后的顺序擦拭。这样水从高处向下流，把车顶洗得差不多了，车身及下部也被流水冲得差不多了，既省水又省力。擦洗的方向采用来回式的，无论从上到下还是从前到后，都多擦几个来回，确保彻底地把车身表面灰尘刷掉。

图9-6 喷涂泡沫

图9-7 用兔毛手套（或软海绵块）擦车

⑩ 二次冲洗。水压低，扇面大，冲掉泡沫即可，如图9-8所示。
⑪ 刮水。用刮水板将车身上的水膜刮干净，如图9-9所示。

图9-8 二次冲洗　　　　　　　　　　图9-9 用刮水板刮水

⑫ 精细擦拭。用大毛巾、浴巾及麂皮将整个车身擦拭干净。

为保证清洗效果，在擦拭过程中不应有细小纤维的脱落，为此普通毛巾和浴巾就难以满足要求，一般在洗车中所用的毛巾和浴巾都是用无纺布制品，如图9-10所示。

图 9-10　毛巾和浴巾

麂皮的质地柔软，有利于漆面的保护，具有良好的吸水能力，如图 9-11 所示，尤其是对车身表面及玻璃水膜的清除效果极佳，如图 9-12 所示。

图 9-11　麂皮

图 9-12　用麂皮擦拭车身

⑬ 吹干。对于锁孔、门缝、车窗密封条、后视镜壳及油箱盖等部位用压缩空气辅助吹干，尤其是钥匙孔里的水分更要吹干净，如图 9-13 所示。

图 9-13　吹净缝孔积液

第10章 表面预处理

汽车清洗好后,要仔细检查车身漆面,寻找漆膜破损迹象,如气泡、龟裂、脱落、锈蚀以及在烤补、气焊等修理过程中引起的部分损坏。对于上述破损,必须将旧漆膜清除掉,清除程度可根据旧漆膜的损坏程度和重新涂装后的质量要求,进行全部和部分清除。生锈部位必须除锈,以保证金属面获得很好的附着力,如图10-1所示。表面预处理的一般流程如图10-2所示。

图 10-1 对漆膜损伤的底材处理

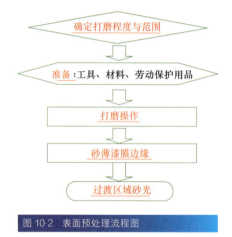

图 10-2 表面预处理流程图

10.1 不同损伤的处理

处理原则:损伤到哪一层,即处理到哪一层。

① 如果损伤仅限于面漆层,打磨时只要将损坏部分磨掉即可。

② 如果损伤到了中涂层,则需打磨到原厂底漆层。因原厂底漆性能非常好,所以打磨时一定注意,尽量保留完好的原厂底漆。

③ 如果损伤到了原厂底漆层,则需打磨到露出底板表面,并对底板表面可能存在的锈蚀、穿孔等进行修复。

④ 对于严重漆膜损伤,通常需要将较大面积区域内清除旧漆膜至裸金属(金属板材表面)。

10.2 手工打磨旧漆膜

10.2.1 裁剪砂纸

将砂纸裁成适合磨块的尺寸,如图 10-3 所示。

(a) 小面积打磨　　　　　(b) 常规打磨　　　　　(c) 大面积打磨

图 10-3　裁剪砂纸

10.2.2 砂纸的握法

① 将砂纸夹在拇指和手掌之间,手平放于表面上,为"4+1"握法,如图 10-4(a)所示。

② 将砂纸夹在小指和无名指之间,再将手平放于表面上,为"2+3"握法,如图 10-4(b)所示。

③ 将砂纸用拇指和小指握住进行打磨。

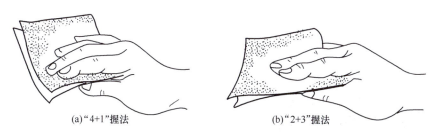

(a)"4+1"握法　　　　　　　(b)"2+3"握法

图 10-4　砂纸的握法

10.2.3 磨块的握法

将砂纸平贴于磨块下面,两边多出的部分向上折贴靠到磨块边缘以便用手握住,如图

10-5 所示。

10.2.4 打磨技法

（1）手指打磨法

在对汽车某个特殊的部位进行打磨时，有时需要将手掌稍微抬起来一点，将重量加到手指上，进行所谓手指打磨，有时甚至还要将手掌再抬一点，将重量加到指尖上，用指尖进行打磨。

（2）画圈打磨法

用手指按住砂纸，在一个小范围内快速作圆周运动进行打磨。这种画圈打磨方式不得用于直径大于 25cm 的缺陷。

（3）交叉打磨法

就是打磨时经常地改变打磨方向，因为这样操作获得的基材表面较平整，角度为 30°或 45°，如图 10-6 所示。

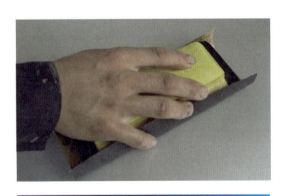

图 10-5 磨块的握法

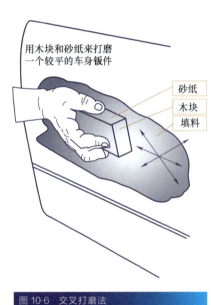

图 10-6 交叉打磨法

图 10-7 铲刀

初步打磨后，换用 P150 砂纸再打磨一遍。

对于旧漆膜有剥离或裂纹，可用如图 10-7 所示的铲刀铲掉。

对于粘接较实的旧漆或凹槽、拐角等特殊部位，可配合使用如图 10-8 所示手工工具。

10.2.5 做羽状边

（1）选择合适的砂纸，通常为 P240 砂纸。

（2）采用由内向外或由外向内砂纸打磨均可以。对于小面积用画圆圈砂纸打磨的方法，对于大面积则用走直线磨的方法。

羽状边坡口的大小取决于漆膜的厚度（层数），通常每一层漆的坡口宽约5mm，总坡口宽大于3cm即可，如图10-9所示。

注意：一定要认真细致，保证坡口的角度基本一致。

10.2.6 砂光

砂光是对损伤部位周围区域（过渡区）的表面进行处理，使表面无光、粗糙，这样新喷的漆才能牢固地粘附在表面上。

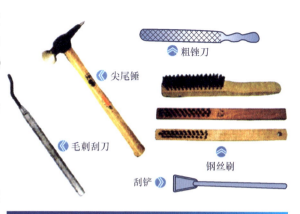

图10-8 除旧漆使用的手工工具

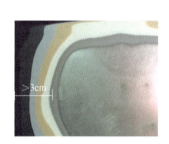

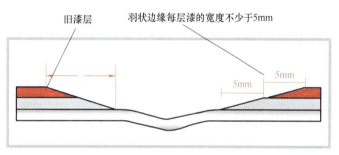

图10-9 羽状边的宽度

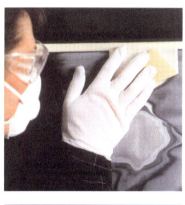

图10-10 砂光操作

① 砂纸一般为P320或P400。
② 将砂纸按需要裁开。
③ 走直线的方式进行打磨，如图10-10所示。
④ 经常检查砂纸的表面状态，如果砂纸上粘的漆灰较多，应用手刷、钢丝刷或压缩空气将它清理干净。

除旧漆区域最后一道打磨所用的砂纸型号视下道工序而定。

如果下道工序为涂原子灰，则用P60或P80砂纸打磨完成即可（包括羽状边）；

如果下道工序为补喷底漆，则应用P180砂纸打磨原底漆（包括羽状边）；

如果下道工序为喷中涂底漆，则最后用P320砂纸打磨（包括羽状边及过渡区域）；

如果下道工序为喷面漆，则需用P400或P600砂纸打磨（包括羽状边及过渡区域）。

注意：砂纸的递进不应超过100号。

10.2.7 车身的清洁

用压缩空气吹净打磨后的灰尘，必要时可配合使用除尘粘布除尘。

10.3 用打磨机清除旧漆膜

10.3.1 干磨系统准备

(1) 打磨车间

打开照明开关,再打开排风开关及电动风门开关,如图 10-11 所示。

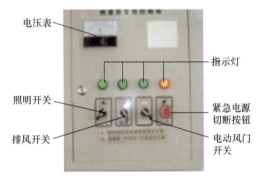

图 10-11 打磨车间及控制面板

(2) 干磨机的选择

由于涂装车间有易燃品,要尽量减少电动工具的使用,如图 10-12 所示。而气动打磨机轻,安全,易附装吸尘器,灰尘少,所以应用较多,如图 10-13 所示。

打磨头的形状有两种,其中有倒角的一种使用起来比较方便,对于钣件的边角均能进行很好的打磨,如图 10-14 所示。

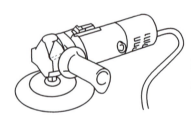

图 10-12 电动打磨机

图 10-14 两种类型打磨头的对比

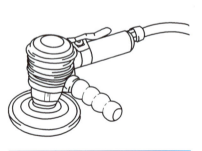

图 10-13 气动打磨机

与打磨机配套的搭扣式干磨砂纸和干磨砂网,如图 10-15 所示。

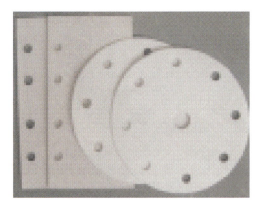
(a) 搭扣式干磨砂纸

(b) 干磨砂网

图 10-15　干磨砂纸和砂网

10.3.2　打磨操作

① 穿戴好安全劳保用品,安装打磨头和砂纸,如图 10-16 所示。

(a) 安装打磨头

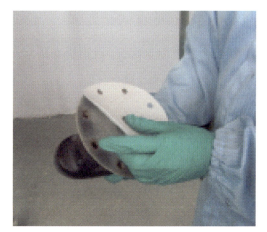
(b) 安装砂纸

图 10-16　安装打磨头和砂纸

② 然后轻轻地摸一遍待打磨表面,这有助于操作工人决定如何进行打磨。
③ 调节气压,把气压调整到 0.6MPa 工作状态下工作,如图 10-17 所示。
④ 握紧打磨机,打开开关并将其以大约 5°～10°角移向待加工表面,如图 10-18 所示。
⑤ 使打磨机向右移动,打磨机叶轮左上方的 1/4 对准加工表面,如图 10-19 所示。

图 10-17 安装打磨头

图 10-18 安装砂纸

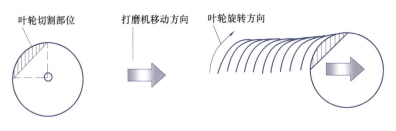

图 10-19 向右移动操作打磨机

⑥ 当打磨机向左移动，打磨机叶轮右上方的 1/4 对准加工表面，如图 10-20 所示。

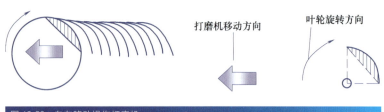

图 10-20 向左移动操作打磨机

⑦ 打磨较为平整的表面时，移动方式如图 10-21 所示。

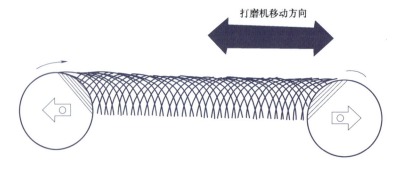

图 10-21 打磨较为平整表面时的移动方式

⑧ 较小的凹穴处，只能使用角磨机，如图 10-22 所示。

图 10-22 打磨较小的凹穴

10.3.3 检查砂纸

经常检查砂纸是否清洁，这是保证打磨效果最简单也最有效的办法。如果砂纸被塑料密封胶污染，则应该及时用毛刷、钢丝刷或气枪进行清理。如果出现类似情况，则表明密封胶固化不完全。打磨操作应该在密封胶充分固化后进行。

10.3.4 做羽状边

将整个打磨机压在车身钣件上，提起一边，仅向斜坡区域施压，然后沿边界线移动打磨机。边界线和打磨机之间的关系必须保持恒定，如图 10-23 所示。

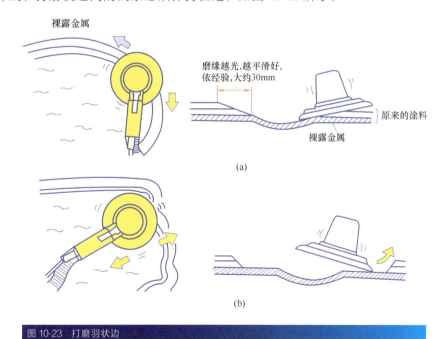

图 10-23 打磨羽状边

10.3.5 砂光

① 选用 P320～P400 的砂纸安装在打磨头上，将旋转着的砂轮前方对着表面，而后方稍稍离开表面一点。保持这个方位，上下移动打磨机进行打磨。每一道磨痕之间覆盖面积为 50%～60%，这将有利于砂平，如图 10-24 所示。

图 10-24 打磨机的移动

② 用戴着手套的手在打磨过的表面上来回摸一下，检查打磨效果。重复上述打磨过程，直到完成打磨工作的 3/4。

③ 更换细砂纸，重复打磨操作，先用打磨的方法，然后用砂光的方法，直到表面达到所要求的平整度。

打磨操作时注意：

① 操作打磨机时，一定要在接触到钣件表面前开动打磨机，以防止打磨出过深的沟槽。

② 为了防止钣件过热变形，不要将打磨机停在一个位置过长时间。

③ 不允许采用粗砂磨料以 90° 角交叉打磨凸出很高的表面，这样做将会造成很深的打磨伤痕，以后将很难将其除去。

④ 千万不要让粗砂磨料接触打磨区域附近完好的油漆表面，最好用胶带把完好的涂层部位保护起来。

10.3.6 车身的清洁

用压缩空气吹净打磨后的灰尘，必要时可配合使用除尘粘布除尘。

第11章 车身及钣件底漆喷涂前的准备

当损伤的漆膜经过底处理后,由于打磨露出了钢板,需对钢板部位涂装底漆,如图 11-1 所示。汽车维修行业对底漆的施工常使用喷涂法。为了防止不需要喷涂底漆的部位被喷上底漆,必须对这些部位进行遮盖。同时,为了提高底漆与钢板之间的附着力,得到良好的底漆喷涂效果,需对待喷涂部位进行除尘与除油。

图 11-1 待喷涂底漆的钣件

11.1 钣件的遮盖

在准备喷涂过程中,遮盖是很重要的一步。对于不需要涂装的表面一定要遮盖好,否则会引起不必要的麻烦。常用的遮盖材料有遮盖纸和遮盖胶带,如图 11-2 所示。

11.1.1 胶带的基本粘贴

粘贴带应选用质量好的,若质量差,则使用后会出现粘贴剂残留或其他问题,造成不必要的麻烦。聚氨酯涂料需加热干燥,应使用耐热胶带纸。粘贴带的基本粘贴法如图 11-3 所示。

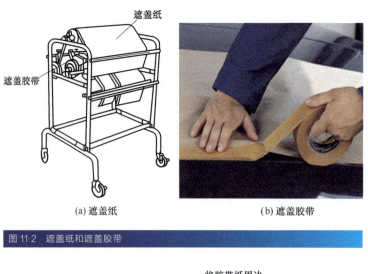

(a) 遮盖纸　　　　　　　(b) 遮盖胶带

图 11-2　遮盖纸和遮盖胶带

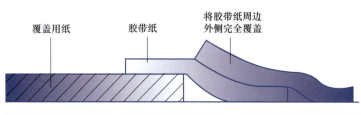

图 11-3　胶带的基本粘贴法

11.1.2　装饰条与嵌条的遮盖

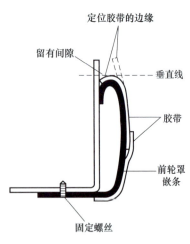

图 11-4　轮罩嵌条的遮盖

当用胶带遮盖装饰条、嵌条等表面时，用一只手的手指塞入胶带卷中间的孔中，将大拇指放在胶带的外面，控制胶带的方向。拉伸胶带时，胶带的粘贴面背向操作者。不要把胶带拉得过紧，然后把胶带的起始端粘到嵌条或车轮罩的边缘上，如图 11-4 所示。粘贴时，拉伸的胶带面与漆面的间距至少应有 0.7mm，这样既方便粘贴又可以很好地控制胶带的方向。嵌条或需粘贴面的宽度决定所需胶带的条数，一定要记住在所需喷漆的表面与嵌条间应留有一个小间隙，涂料特别是清漆会填补这个间隙。用足够的压力把胶带压牢。另外，在曲面上粘贴胶带时，还必须拉伸胶带，以适应曲面的要求。如果胶带太宽，应用剪刀把胶带多余的宽度剪去。

11.1.3　侧车窗的遮盖

当遮盖侧车窗时，需要先用胶带遮盖该区域的周边，如图 11-5 所示。然后选用合适尺寸的遮盖纸。将遮盖纸周边折叠，折叠边用短的胶带粘好，然后全部粘到周边预先贴好的胶带上。

图 11-5 侧车窗的遮盖

11.1.4 前后风窗的遮盖

如图 11-6 所示，遮盖窗玻璃时，主要使用 50cm 宽的纸，不够的部分再用 10~20cm 宽的纸粘贴上，四周用 12~15mm 宽的胶带纸粘住。

如果使用专用的窗缘遮盖胶带，如图 11-7 所示，按下列程序进行遮盖操作。

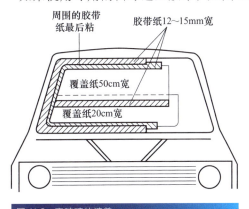

图 11-6 窗玻璃的遮盖

图 11-7 专用的窗缘遮盖胶带

① 将窗缘遮盖胶带剪取合适的长度，如图 11-8 所示。
② 在胶带边缘处开两个小口，如图 11-9 所示。

图 11-8 剪取胶带

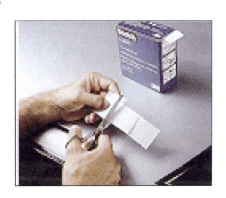

图 11-9 胶带边缘剪口

③ 将硬边塞入窗缘饰条下面，如图 11-10 所示。

④ 将保护纸撕掉，中间部位粘贴在窗缘上，如图 11-11 所示。

图 11-10　塞胶带

图 11-11　粘胶带

⑤ 将其他两边完全遮盖好，如图 11-12 所示。
⑥ 在直线部位及其他部位重复上述操作，如图 11-14 所示。

图 11-12　粘贴其他部位

图 11-13　粘贴直线部位

⑦ 最后将带有胶带的遮盖纸粘贴在专用的胶条上进行遮盖，如图 11-14 所示。

11.1.5　车门洞遮盖

如图 11-15 所示，如果要将车门入口全部遮盖，先要按入口宽度准备好遮盖纸。一般是

图 11-14　用遮盖纸遮盖

图 11-15　车门洞遮盖

取 50cm 宽纸两张，搭接成 1m 宽，对准入口，先贴住上部。在贴下边之前，要先将纸放松弛，办法是从中间折一下，这样车门才能关住。如果宽度还不够，再加一张 30cm 宽纸。如果边切得不整齐，可用胶带补齐。纸与纸相重合的部分，要用胶带粘住，不留缝隙。

对于车门洞，可以使用专用的缝隙胶条进行快速遮盖，如图 11-16 所示。用传统的胶带加遮盖纸遮盖分界线非常明显，而用缝隙胶条遮盖工艺简单且遮盖效果好，喷涂的漆膜过渡自然，如图 11-17 所示。

图 11-16 缝隙胶条图

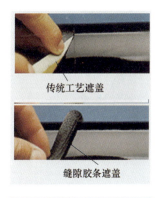

图 11-17 两种遮盖对比

① 将车门洞周边需粘胶条的部位清洁干净，如图 11-18 所示。
② 粘缝隙胶条。剪取合适长度的胶条，将胶条粘贴于门洞四周，如图 11-19 所示。

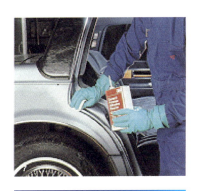

图 11-18 清洁

图 11-19 粘贴胶条

注意粘贴的位置（深浅度）要合适，缝隙胶条必须放置于门缝约 5mm 处，此位置为最佳遮盖处，不会产生漆线或毛边，如图 11-20 所示。缝隙胶条放置太深，将使喷漆渗入，也会使车门缝内的颗粒飞出，影响漆面品质，如图 11-21 所示。缝隙胶条太突出，将使喷漆不良，并产生毛边，如图 11-22 所示。

③ 最后遮盖状况，如图 11-23 所示。从图中可以看出，在门洞缝隙处几乎看不到遮盖物。

11.1.6 保险杠的遮盖

保险杠的遮盖如图 11-24 所示，最好使用遮盖膜+高性能进道胶带+聚酯精细遮盖胶带。
① 先用高性能遮盖胶带配合聚酯精细遮盖胶带沿保险杠与车身交界进行遮盖。

② 在遮盖胶带的基础上用遮盖膜进行遮盖。

③ 用遮盖膜遮盖其他部位（玻璃、前叶子板、前轮等）。

④ 用高性能遮盖胶带配合聚酯精细遮盖胶带遮盖车灯、散热器罩（中网）等。

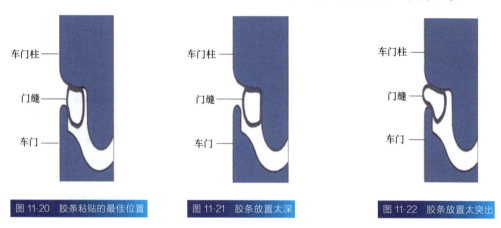

图 11-20　胶条粘贴的最佳位置　　　图 11-21　胶条放置太深　　　图 11-22　胶条放置太突出

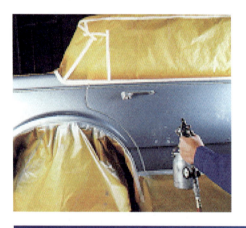 

图 11-23　胶条遮盖后状况

11.1.7　翼子板的遮盖

翼子板的遮盖最好使用车身遮盖膜进行。

① 用车身遮盖膜覆盖车身。

② 将车身遮盖膜覆盖在翼子板部分，用专用刀具割开（车轮部位可以使裁剪下的车身遮盖膜遮盖），如图 11-25 所示。

③ 为防止飞漆污染发动机罩内板，门缝及翼子板与发动机罩接合缝最好使用缝隙胶条配合车身遮盖膜进行密封，如图 11-26 所示。

④ 用遮盖胶带配合车身遮盖膜进行遮盖。对于车灯等分色界面要求较高，为达到更好的分色效果，需先用聚酯胶带遮盖分色边缘，如图 11-27 所示。

⑤ 全部遮盖完成后，做一次仔细的检查，确定无遗漏处或有过多遮盖处。

图 11-24　保险杠的遮盖

图 11-25　裁剪遮盖膜

缝隙胶条

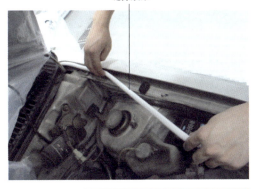

图 11-26　用缝隙胶带遮盖

图 11-27　边缘的分色定位

11.1.8　车门的遮盖

① 用车身遮盖膜覆盖车身，如图 11-28 所示。

② 将车身遮盖膜覆盖在车门部分，用专用刀具割开，如图 11-29 所示。

图 11-28　整车车身的覆盖图

图 11-29　割开车门覆盖膜

③ 将开门方向的膜用遮盖胶带再次密封。

④ 为防止飞漆污染门内，门缝用门缝胶条配合车身遮盖膜进行密封，关上车门，如图 11-30 所示。

图 11-30　车门周围的遮盖

⑤ 用窗缘遮盖胶带遮盖窗子下的密封胶条，如图 11-31 所示。

图 11-31　遮盖门窗玻璃下的密封条

⑥ 用遮盖膜配合窗缘遮盖胶带遮盖窗子及后视镜。注意在油漆驳口部位留下空隙，可以利用门缝遮盖条来配合支撑。

⑦ 用聚酯遮盖胶带遮盖门拉手。如果门拉手已被拆下，其遮盖后的情况如图 11-32 所示。

图 11-32　未拆除遮盖和拆除门拉手的遮盖

⑧ 检查完成遮盖后的情况，如图 11-33 所示。

图 11-33　遮盖完成后

11.1.9　发动机罩的遮盖

① 用车身遮盖膜覆盖车身，如图 11-34 所示。

② 将车身遮盖膜覆盖在发动机罩部分，用专用刀具割开（注意靠近前挡风玻璃边的膜不要割破），如图 11-35 所示。

图 11-34　遮盖膜覆盖车身图

图 11-35　切割遮盖膜

③ 打开发动机罩。将膜从发动机罩与前挡风玻璃之间穿过，覆盖在发动机上，并用遮盖胶带再次连接密封，如图 11-36 所示。

④ 为了防止飞漆污染发动机罩背面（某些高档车发动罩背面是隔热材料，颜色与车身颜色不一致）可以在发动罩边缘使用门缝遮盖胶条来阻挡飞漆污染，如图 11-37 所示。

⑤ 将发动机罩盖上，遮盖散热器面罩。

a. 用聚酯精细遮盖胶带遮盖分色部位边缘，如图 11-38 所示。

图 11-36 遮盖发动机

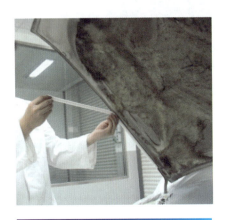

图 11-37 遮盖发动机罩边缘

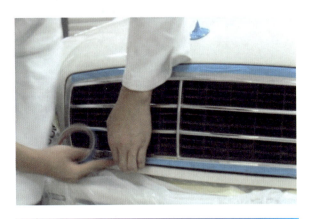

图 11-38 遮盖分色部位边缘

b. 用遮盖纸配合聚酯精细遮盖胶带遮盖散热器面罩，如图 11-39 所示。

c. 散热器面罩遮盖完成后的状况，如图 11-40 所示。

图 11-39 遮盖散热器面罩周边

图 11-40 遮盖散热器罩完成

11.1.10 喷涂两种颜色时的遮盖

当汽车被喷涂成两种不同的颜色时，应首先喷涂一种颜色。涂料干燥后，用 19mm 的胶带将这种颜色的周边遮盖。有些车身喷漆者喜欢选用细胶带，因为细胶带较薄，可以精确地把两种颜色的漆面分开，留下的条纹少。然后，把该颜色的漆层用合适尺寸形式的遮盖纸遮盖好，遮盖纸上的胶带粘到已粘好的周边胶带上，多余的边折叠、粘贴牢固。然后，根据需要，可以再用遮盖胶带沿遮盖纸的底部和边缘粘贴，清晰地标出另外一种颜色涂料的喷涂面。

11.1.11 反向遮盖

在对钣件的局部修补涂装或整板涂装的过渡区域及流线型边缘进行遮盖时，应该使用反向遮盖法，这种方法一般在喷涂底漆和面漆时使用。采用反向遮盖法，可以起到良好的过渡效果而不至于在边缘形成台阶，如图 11-41 所示。

进行反向遮盖时，应使用软的胶带，不能使用遮盖膜。

沿流线边缘进行反向粘贴时可以采用预先粘贴好胶带的遮盖纸。首先把遮盖纸沿流线型钣件边缘的最高端放置好，用胶带固定，使遮盖纸自然下垂。然后反向折叠，使反向折叠的弧形超过流线型边缘 12～20mm。最后，把遮盖纸的另一边固定到钣件合适的位置上。

图 11-41 用胶带和遮盖纸进行反向遮盖

在沿一个曲面流线型边缘进行遮盖时，必须使用遮盖胶带。首先把 19mm 宽的胶带以正确的角度分别粘贴到流线型边缘上。每条胶带应有 10～13mm 长，胶带与胶带之间应有足够重叠量，整个胶带的粘贴边缘应形成一个与流线型边缘相平行的曲线，然后，把胶带条反折，应从最后一条胶带开始，并保证有一个正确的弧度。最后，用一条胶带把所折过来的胶带端粘贴固定，如图 11-42 所示。

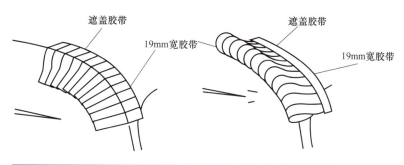

图 11-42 用胶带进行反向遮盖

11.2 除尘和除油

11.2.1 除尘

① 戴好胶皮手套。

② 先用压缩空气吹净，后用擦拭纸（如图11-43所示），将整个待涂表面擦拭一遍，如图11-44所示。

图11-43 擦拭纸

图11-44 用擦拭纸除尘

③ 最后用粘尘布，如图11-45所示，按从上到下的顺序将待涂装表面擦拭干净，如图11-46所示。

图11-45 粘尘布

图11-46 用粘尘布除尘

11.2.2 除油

图11-47 擦拭除油

（1）用擦拭法进行除油

① 戴好胶皮手套。

② 双手各持一块干净的除油擦布，其中一块蘸有脱脂剂。

③ 先用带脱脂剂的擦布擦拭待除油表面，一次不要多于一个来回。如图11-47所示。

④ 接着用干燥的擦布擦拭有脱脂剂的表面。

⑤ 重复这样的动作，直到待清理表面全部清理完毕。注意及时蘸脱脂剂和更换擦布，并且不要摸碰已经除过油的表面。

（2）用喷擦结合法进行除油

① 将合适的除油剂装入喷液壶内。

② 反复按压喷液壶操作手柄,直到感觉有足够的反弹力。

③ 手持喷液壶,对准需除油表面,保持20cm左右的距离,按压喷液开关,将除油剂均匀地喷到工件表面,如图11-48所示。

④ 手持一块干净的擦布,将喷淋的除油剂擦拭干净,如图11-49所示。

图11-48 喷淋除油剂

图11-49 擦拭除油剂

第12章 底漆的喷涂

当损伤的漆膜经过底材处理、除尘及除油后,即准备喷涂底漆。原厂底漆大多采用电泳涂装方法进行涂装,而修理厂一般采用喷涂的方式进行涂装,在进行喷涂前,应对喷枪进行必要的调整,以满足涂料的喷涂要求。喷枪的调整项目包括喷涂压力、漆流道和喷涂雾形等。

底漆喷涂完成后,应采用合理的方法进行干燥,以形成良好的漆膜。喷涂工作完成后,应及时对喷枪进行清洗与维护。

12.1 烤漆房的准备

典型的烤漆房如图 12-1 所示,控制箱面板,如图 12-2 所示。

图 12-1 烤漆房

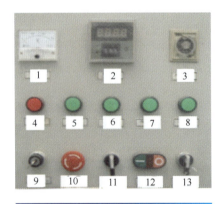

图 12-2 烤漆房控制箱面板

1—电压表;2—温控仪;3—烘烤时间设定;4—电源指示灯;5—升温指示灯;6—喷漆指示灯;7—烤漆指示灯;8—照明指示灯;9—电源开关;10—急停开关;11—喷漆开关;12—烤漆开关;13—照明开关

(1)打开电源开关

使用烤漆房首先要打开电源开关 9,按亮电源指示灯 4,电压表显示 380V。

(2)打开照明开关

打开照明开关 13，按亮照明指示灯 8，烤漆房内的光线达到施工要求。

（3）调整喷涂温度

常温喷漆时，顺时针旋转喷漆开关 11，需要加温喷漆时，逆时针转到开关 11，同时调整温控仪 2，设定恒定的喷涂温度到 18℃即可。

12.2 喷枪的准备

12.2.1 选择喷枪

喷涂底漆时，首先应选择底漆专用喷枪，如图 12-3 所示，其基本结构如图 12-4 所示，主要是这种喷枪口径大。正确选择喷枪，应查阅涂料生产商的涂料技术说明，表 12-1 是某种环氧底漆的技术说明。

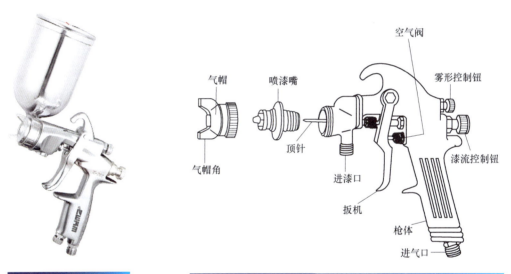

图 12-3 重力式喷枪　　图 12-4 喷枪构造

表 12-1　某种环氧底漆的技术说明

底漆型号	喷枪型号	喷枪口径	喷涂压力	喷涂层数	干燥时间	备注
环氧底漆 801-72	重力式底漆喷枪	1.6～1.7mm	根据喷枪要求	1～2 层约 20～40μm	喷涂下涂层之前，需静置 10～15min。风干:20℃，45～60min	
1K 塑料件附着底漆 934-0	重力式底漆喷枪	1.6～1.7mm	根据喷枪要求	薄喷一层	风干:20℃，10～15min	

12.2.2 检查喷杯

① 喷杯上的气孔，无污垢堵塞。

② 喷杯上密封圈无渗漏等，如图 12-5 所示。

12.2.3 涂料装枪

① 将调好黏度的中涂底漆通过漏斗（如图 12-6 所示）过滤后装入喷杯内，如图 12-7 所示。

② 将喷枪通过快速接头接入压缩空气系统。

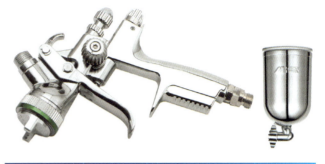

图 12-5 喷枪和喷杯

12.2.4 喷枪调整

（1）气压调整

图 12-6 漏斗

严格按照油漆产品说明书所提供的施工参数调整喷枪的压力。最好在软管接头和喷枪之间接一个调压阀（阀上带有气压表），用来检查和调整喷枪压力。

不同涂料喷涂时所需的空气压力都有最佳值。手握喷枪柄，以食指与中指压扣扳机到 1 挡位，压缩空气阀门首先打开，如图 12-8 所示。当喷涂气压调节旋钮处于与枪体平行位置（最大雾化状态）时，顺时针旋转喷涂气压调节旋钮，喷涂气压变小；当喷涂气压调节旋钮处于与枪体垂直位置（最小雾化状态）时，逆时针旋转喷涂气压调节旋钮，喷涂气压变大。调整过程中，观察气压表直到气压符合规定。例如，从"鹦鹉"801-72 环氧底漆的技术说明中可以查到，该涂料适合的气压：HVLP 型为 2.0～3.0bar（0.2～0.3MPa）；兼容喷枪为 2bar（0.2MPa）。

图 12-7 涂料的过滤

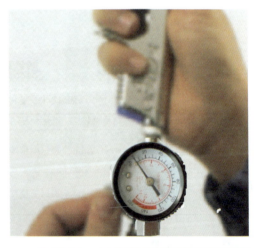

图 12-8 气压的调整

（2）喷幅调整

喷幅调节旋钮的位置如图 12-9 所示。增大喷幅，需要逆时针旋转喷幅调节旋钮；减小喷幅，需要顺时针旋转喷幅调节旋钮，如图 12-10 所示。喷幅的大小主要取决于修补面积的大小。一般情况下对于整板（或整车）喷涂，为了获得良好的喷涂效果，建议将喷枪喷幅调节到最大状态。

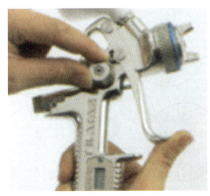

图 12-9　喷幅调整旋钮

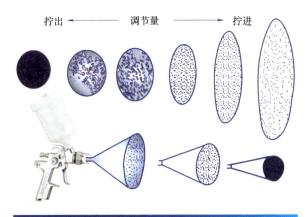

图 12-10　喷幅调整原理

（3）漆流量调整

漆流量调节旋钮的位置如图 12-11 所示。增大涂料流量，需要逆时针旋转涂料流量调节旋钮，增大枪针行程，从而增大涂料流量；减小涂料流量，需要顺时针旋转涂料流量调节旋钮，减小枪针行程，从而降低涂料流量，如图 12-12 所示。

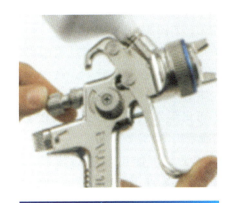

图 12-11　流量调整旋钮

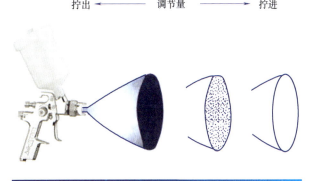

图 12-12　流量调整原理

（4）雾形测试与调整

气帽把压缩空气导入漆流，使漆流雾化，形成雾形。涂料嘴上有很多小孔，每个小孔的作用是不同的，如图 12-13 所示。

主雾化孔也称为主空气孔，作用是形成真空，吸出漆液，通常喷枪的口径就是指主空气孔的直径。扇幅控制孔也称为角孔，一般有 2~4 个，它借助空气压力控制雾束形状。辅助雾化孔也称为侧孔，一般有 4~10 个，它促进漆液雾化，如图 12-14 所示。

将气帽角调整至垂直位置，使雾形呈水平状态，进行雾形测试，并视情况调整，如图 12-15 所示。

通过雾形测试，看流挂情况，检查调整是否正确。松开空气帽定位环并旋转空气帽，使喇叭口处于竖直位置，此时喷出的图案将是水平的。如图 12-15 所示，再喷一次，按住扳机直到涂料开始往下流，即产生流挂，检查流挂情况。

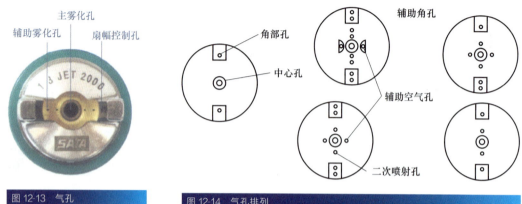

图 12-13 气孔

图 12-14 气孔排列

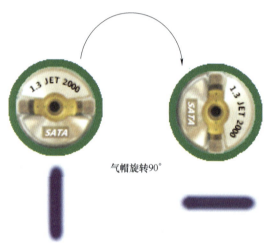

图 12-15 气帽的调整

如果各项调整正确，各段流挂的长度应近似相等，如图 12-16（a）所示。

如果流挂呈分开的形状，是由于喷束太宽或气压太低，把雾形控制阀拧紧半圈，或把气压提高一些，交替进行这两项调整直到流挂长度均匀，如图 12-16（b）所示。

如果流挂中间长两边短，则是因喷出的漆太多，应把漆流量控制阀拧紧，直到流挂长度均匀，如图 12-16（c）所示。

绝对不可由手腕或手肘作弧形的摆动，如图 12-17 所示。

雾形测试时，可能出现故障图形，不同的故障图形特点及产生的原因，见表 12-2。

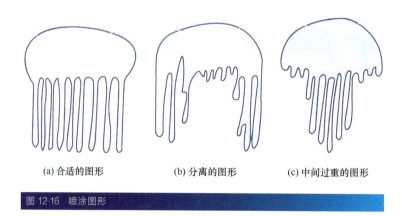

(a) 合适的图形　　(b) 分离的图形　　(c) 中间过重的图形

图 12-16　喷涂图形

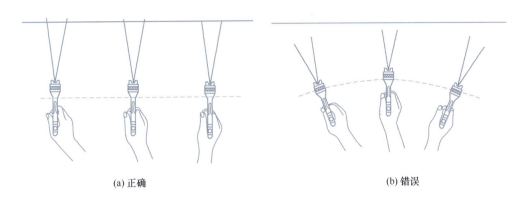

(a) 正确　　　　　　　　　　　　　　(b) 错误

图 12-17　喷枪的运行

表 12-2　不同的故障图形特点及产生的原因

图形特点	喷幅中央油漆太多	倾斜一边的圆形喷幅严重弯曲	喷幅不连续,跳动	喷幅破裂呈燕尾状	喷幅朝一边扭曲
图形情况					
产生原因	雾化压力太高；黏度太高；涂料太多	雾化气孔没有清洁干净	喷嘴或喷针松；枪壶通风口堵塞	稀释剂太多；气压太高；喷幅太宽	一边雾化不干净

12.3 喷涂操作要领

12.3.1 喷枪与工件表面保持角度

喷枪与工作表面间必须保持垂直（即 90°），如图 12-18 所示。即使对于弧形表面，也应掌握垂直这一要领，如图 12-19 所示。

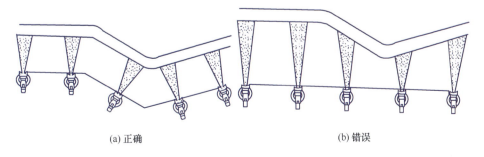

(a) 正确　　　　　　　　　　　　　　(b) 错误

图 12-18　喷枪与工件表面的角度

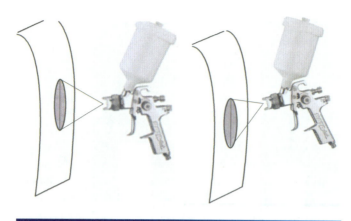

图 12-19　弧形表面的喷涂

绝不可用手腕或手肘作弧形摆动。

12.3.2　喷枪嘴与工件表面保持距离

喷枪嘴与工件表面的距离，一般为 20cm 左右（可按涂料供应商提供的工艺条件进行操作）。实际距离可通过对贴在墙上的纸张试喷而定。

如果喷涂距离过短，喷涂气流的速度就较高，则会使涂料堆积，涂层出现波纹，如图 12-20（a）所示。

如果喷涂距离过长，就会有过多的溶剂被蒸发掉，喷雾落到喷涂表面时已经无力，导致涂层出现橘皮或发干，并影响颜色的效果，如图 12-20（b）所示。

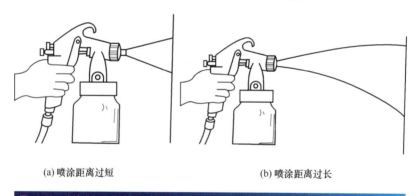

(a) 喷涂距离过短　　　　　　　　　(b) 喷涂距离过长

图 12-20　喷枪嘴与工件表面不适当距离

喷涂距离还与喷枪的类型有关。传统高气压喷枪喷涂距离为 18~23cm，如图 12-21 所示，而 HVLP 喷枪喷涂距离为 13~17cm，如图 12-22 所示。

12.3.3　喷枪的移动速度

喷枪的移动速度与涂料干燥速度、环境温度、涂料的黏度有关，喷漆时，约以 30cm/s 的速度匀速移动喷枪。喷枪移动过快，会导致涂层过薄，而喷枪移动过慢，会导致出现流挂现象。

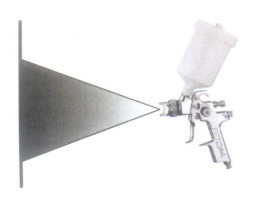

图12-21 传统高压喷枪的喷涂

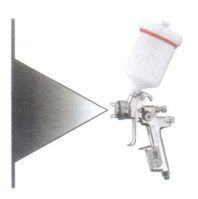

图12-22 HVLP高流量低气压喷枪的喷涂

12.3.4 喷枪扳机的控制

喷枪扳机扣得越深，液体流速越大。传统走枪，扳机总是扣死，而不是半扣。为了避免每次走枪行将结束时所喷出的涂料堆积，有经验的漆工都爱略略放松一点扳机，以减少供漆量，如图12-23所示。

扣扳机的正确操作一般分4步：先从遮盖纸上开始走，扣下扳机一半，仅放出空气；当走到喷涂表面的边缘时，完全扣下扳机，喷出涂料；当走到另一头时，松开扳机一半，涂料停止流出；反向喷涂前再往前移动几厘米，然后重复上述操作步骤。

在"斑点"修补或新喷涂层与旧涂层的边缘润色加工时都爱进行"收边"操作。该操作要求在走枪开始时不扣死扳机，也就是说，开始时的供漆量很小，随

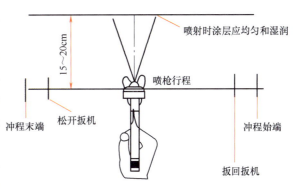

图12-23 扳机的控制

着喷枪的移动，逐渐加大供漆量，直到走枪行将结束时再将扳机放开，使供漆量大大减少，从而获得一种特殊过渡效果。

12.3.5 喷涂方法、路线的掌握

喷涂方法有纵行重叠法、横行重叠法和纵横交替喷涂法。喷涂路线应按从高到低、从左到右、从上到下、先里后外的顺序进行。在行程终点关闭喷枪，喷枪第二次单方向移动的行程与第一次相反，喷嘴与第一次行程的边缘平齐，雾形的上半部与第一次雾形的下半部重叠，两次走枪重叠幅度应为1/3或1/2左右，如图12-24所示。

12.3.6 走枪的基本动作

汽车修补涂装中，被涂物的情况不同，喷漆走枪的手法也不同，以下叙述几种常用的喷漆走枪手法。

图 12-24 喷涂的重叠

（1）构件边缘的走枪手法

在构件边缘喷涂时，一般从右至左进行喷涂，并采用纵喷（喷出雾形呈垂直方向的扁椭圆），如图 12-25 所示。

（2）构件内角的走枪手法

在构件内角喷涂时，一般采用从下而上，再从上而下喷涂，并采用横喷（喷出雾形呈水平方向的扁椭圆），如图 12-26 所示。

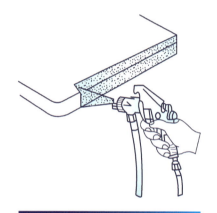

图 12-25 构件边缘的喷涂

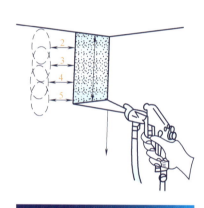

图 12-26 构件内角的喷涂

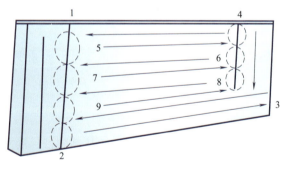

图 12-27 小而直立平面的走枪

（3）小而直立的构件平面的走枪手法

喷涂小而直立的构件平面时如图 12-27 所示。先从上而下的行程进行（1—2），然后从左至右（2—3），再从下而上进行（3—4），依次（4—5—6—7—8—9）喷涂。

（4）长而直立的构件平面的走枪手法

如图 12-28 所示，喷涂长而直立的构件平面时也是由上而下行程进行，再由左而右，依次沿横向行程，每行程 45～90cm，即按板长方向分段进行，每段之间交接处，有 10cm 左右的行程重叠。

（5）小圆柱构件的走枪手法

如图 12-29 所示，喷涂小圆柱构件时，由圆柱顶自上而下再自下而上，分 3～6 道垂直行程喷完。

（6）大圆柱构件的走枪手法

喷涂大圆柱体时，则由左至右再由右至左，水平行程，依次喷完，如图12-30所示。

（7）棒状构件的走枪手法

喷涂较长的、直径不大的棒状构件时，最好将雾束调窄些与之配合。然而很多漆工为了省事，不愿经常调整喷枪，而是将喷枪雾束的方位与棒状构件相适应，这样也可达到完全覆盖又不过喷的目的，如图12-31所示。

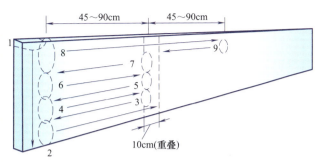

图12-28　长而直立的构件平面的走枪

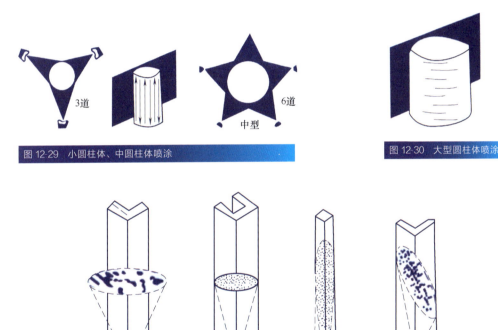

图12-29　小圆柱体、中圆柱体喷涂

图12-30　大型圆柱体喷涂

图12-31　棒状构件的喷涂

（8）大型水平表面的走枪手法

喷涂大型水平表面如发动机罩、车顶、行李箱盖等，可以采用长而直立构件平面的走枪手法，即由左至右移动喷枪至临近基材表面时扣扳机，继续移动喷枪至离开基材表面时放开喷枪。这样可以获得充分润湿的涂层，而不会过喷或干喷最少。

在喷枪使用上，最好使用压送式喷枪，如果采用的是虹吸式喷枪，也应尽量保持与构件呈垂直状态，如图12-32所示。当需要倾斜喷枪时，千万小心，不要让涂料滴落到构件表面。为了防止涂料泄漏、滴落，在喷杯中涂料不要装得太满，整个操作过程要平稳、协调，随时用抹布或纸巾擦净泄漏出来的涂料。

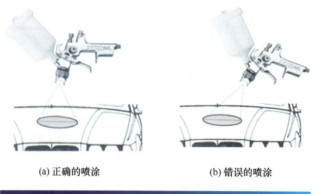

(a) 正确的喷涂　　　　　　　(b) 错误的喷涂

图 12-32　水平构件的喷涂

12.3.7　不同钣件的走枪顺序

（1）车门

首先喷涂车门框的顶部，然后下移直到车门的底部。如果只喷涂一个车门，首先喷涂车门边缘；喷涂门把手时应该特别小心，因为某点的涂料太多将会导致下垂，如图 12-33 所示。

（2）前翼子板

发动机罩的边缘和前翼子板的翻边应该首先喷涂，然后是前大灯周围部分及面板的弯起部分，最后是面板的底部，如图 12-34 所示。

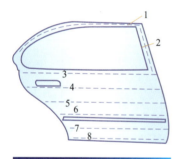

图 12-33　车门的喷涂顺序

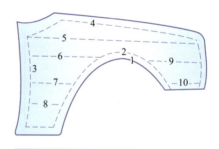

图 12-34　前翼子板的喷涂顺序

（3）后翼子板

首先喷涂边缘，然后喷漆工站在面板的中间，以一个长的连续的行程喷涂面板，如图 12-35 所示。如果无法一次完成，就把这个区域分成两个部分。使用这种方法时，定要特别注意中间的重叠。如果重叠的涂料太多，将会发生下垂。

（4）发动机罩

首先喷涂发动机罩的边缘，然后是发动机罩的前部，下一步是前翼子板的侧面，从中心开始向边缘进行喷涂，如图 12-36 所示；另一侧也使用相同的方法喷涂。

（5）车顶盖

为了方便对车顶盖进行喷涂，喷漆工应站在长凳上，以便能够喷到车顶的中心，如图 12-37 所示，首先喷涂一侧的挡风玻璃边缘，然后从中心到外边；一侧完成后，再用相同的方法完成后部和侧面。

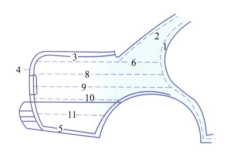
图 12-35 后翼子板的喷涂顺序

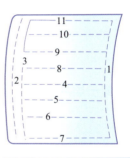
图 12-36 发动机罩的喷涂顺序

（6）整车喷涂

当修整整个汽车时，对汽车不同部位的喷漆顺序可能不同。通常，在横向排风的房间里，首先喷涂离排风扇最远的地方，这样能保证落在喷漆表面的灰尘最小，使漆面更光滑。具体操作如图 12-38 所示，首先对车顶盖喷涂，然后是左侧或右侧车门，下一步是同侧的后翼子板，接着是行李箱盖和后围板。对汽车另一侧的喷涂是从后翼子板开始，然后是车门和前翼子板、发动机罩、前裙板、门窗框，最后对另一侧的前翼子板喷涂。

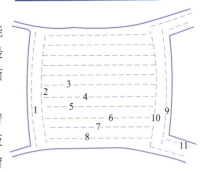
图 12-37 车顶盖的喷涂顺序

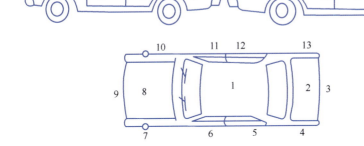
图 12-38 整车喷涂顺序

在向下排风的喷涂房里，因为空气是从棚顶向汽车底部的检修坑流动，所以喷涂人员必须改变喷涂方法。为了能够保持涂料边缘的湿润，车顶盖应该首先喷漆，接着是发动机罩和行李箱盖，然后对车身右侧喷涂，接着是后围板，最后是车身左侧，并逐渐向前移动直到全部完成。

12.4 底漆的喷涂

12.4.1 底漆喷涂前的检查

① 检查待喷涂表面，再次确认可以喷涂底漆。

② 检查遮盖是否有遗漏和不严密处。
③ 再次进行除油操作。
④ 控制好喷涂的各项参数，按适当的喷涂方法及喷涂路线实施喷涂操作。

12.4.2 薄喷第一层底漆

根据钣件的特点，选择正确的操作要领，实施底漆的喷涂，注意第一层定要薄喷，以提高底漆和钣件表面的附着力。

12.4.3 闪干

不同的底漆，闪干时间要求不同。例如，从"鹦鹉"801-72 环氧底漆的技术说明中可以查到，该涂料需要喷涂 2 层，每层之间不需要闪干，即喷完第一层后，马上就能喷第二层，见表 12-3 所示。

表 12-3 "鹦鹉"801-72 环氧底漆的技术说明

标志	应用		填充底漆
	喷涂层	2	膜厚：40～50μm
	干燥	20℃ 60℃	8h 30min
	红外线	短波 中波	11min 10～15min
	打磨		P80
	轨道式打磨机		P400

12.4.4 喷涂第二层底漆

第二层一定要厚喷，以达到要求的涂膜厚度，如"鹦鹉"801-72 环氧底漆的技术说明要求二层底漆总厚度为 40～50μm。不同的底漆要求喷涂的层数和总漆膜厚度是不同的。施工时应严格按照涂料技术说明执行。

在喷涂过程中，如果喷枪的出漆明显减少，应及时检查涂料是否已用完，如果用完了则应及时补充。如果还有涂料，则应检查是否有堵塞之处，若有则应疏通。普通喷枪补充涂料与开始时涂料装枪操作相同。对于 SATA SPR 型喷枪，其补充涂料的操作如下：

① 将储液壶底部的密封塞压紧，将喷枪翻转后扣扳机，使枪内涂料流回储液壶，如图 12-39 所示。

② 将储液壶旋下，添加涂料后重新装枪，如图 12-40 所示。

每种涂料均有其适合喷涂的时间限制，这个时间限制也称为活化时间。如"鹦鹉"801-72 环氧底漆的技术说明规定的活化时间为 8h（常温 20℃），超过这个活化时间，所调制的涂料就不能使用了。

12.4.5 剩余涂料的处理

对于普通喷枪，如果有较多的剩余涂料没用完，可以倒入合适储液罐密封保存，但期限不能超过其活化期的规定。

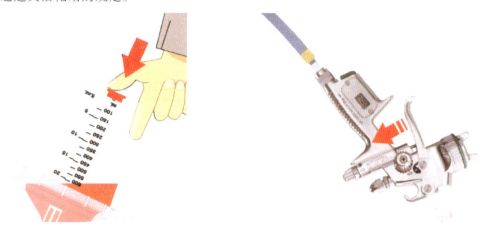

图 12-39　翻转后扣扳机

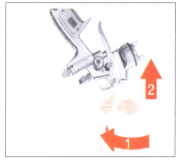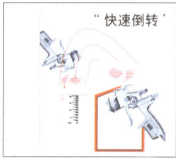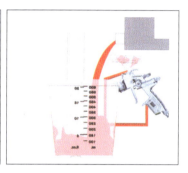

(a) 旋下储液壶　　　　　　　(b) 快速倒转　　　　　　　(c) 涂料添加

图 12-40　添加涂料

　　对于 SATA SPR 型喷枪，如果喷涂工作完成，但储液壶内剩余较多的涂料，可以利用储液壶直接保存。将喷枪翻转后旋下储液壶，如图 12-41（a）所示，拆下密封塞，将壶座底部的孔塞紧，即可保存，如图 12-41（b）所示。为了便于识别，最好在壶上做好标记（如标准颜色、色号等），如图 12-41（c）所示。

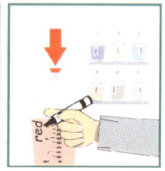

(a) 旋下储液壶　　　　　　　(b) 密封壶盖　　　　　　　(c) 做好标记

图 12-41　储存涂料

对于长时间储存，应将储液壶拆下，放置于专用架上，如图12-42（a）所示，对于短时间储存，可不拆下储液壶，而将整枪置于专用置枪架，如图12-42（b）所示。

(a) 长时间储存　　　　　　　　　(b) 短时间储存

图12-42　SATA SPR型喷枪涂料的储存

如果喷涂完后，壶内没有多少涂料，就可将壶做废弃处理。将储液壶旋下，如图12-43（a）所示。拉出底部的密封塞，如图12-43（b）所示。将废弃的涂料倒在专门的废漆桶内，将储液壶弃于垃圾桶内，如图12-43（c）所示。当然，为节约材料，可将储液壶彻底清洗干净后，晾干重复使用。

 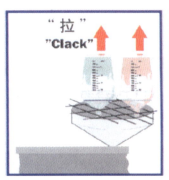 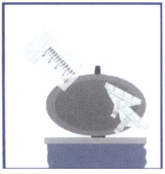

(a) 旋下储液壶　　　　　(b) 拉出底部密封塞　　　　　(c) 储液壶弃于垃圾桶内

图12-43　储液壶的弃置

12.5 底漆的干燥

不管是常温干燥还是供烤干燥，最好在进行干燥之前拆下遮盖。拆除遮盖的最佳时机为最后一层喷涂的闪干时间结束时，通常为15～20min。

12.5.1 常温干燥

当采取常温干燥时,喷涂结束后,即可关闭喷漆室电控箱上的"喷漆"、照明开关,关好门,使钣件(整车)在喷漆室内自然干燥至规定的时间(具体数据参阅涂料使用说明书,如"鹦鹉"801-72 环氧底漆的技术说明规定的常温干燥时间为 8h)。

12.5.2 用烤漆房烘烤干燥

喷涂完成后需要加温烘烤时,设定温控仪到合适的温度,具体数据参阅涂料技术说明,如"鹦鹉"801-72 环氧底漆的技术说明规定的烘烤干燥温度为 60℃,干燥时间为 30min;短波烤灯烘烤时间为 11min;中长波红外线烤灯烘烤时间为 10~15min。关闭照明开关,打开烘烤开关加温烘烤。烘烤完毕,风机再工作 10min,关闭各操作开关。

12.5.3 用红外线烤灯干燥

以 IRT400 型烤灯为例,如图 12-44 所示。

(1) 调整灯光的位置

通过调节活动支臂的高低来适应不同高度的烘烤要求,烤灯头部可以作任何角度的调整,以适应车身不同的形状要求,如图 12-45 所示。

图 12-44 红外线烤灯

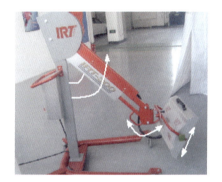

图 12-45 调整灯头角度

(2) 控制面板的操作

烤灯的控制面板,如图 12-46 所示。

打开电源,数字面板上会显示运行程序,系统提供了底层原子灰、中层原子灰、表层原子灰、底漆、水基、面漆、光漆、塑料件和自设程序等多个程序供选择。根据实际工作情况通过上翻键或下翻键选择合适的程序,按"确定"键进入。

如果需要重新设定烘烤功率和烘烤时间,可以按"确定"键重新设定,如图 12-47 所示。

此时上排第 1 位表示时间的数字会闪烁。可以按上翻键或下翻键在 0~30min 之间选择,按"确定"键确定;第 2 位表示功率的数字会闪烁。可以在 1~8 之间选择,按"确定"键确定;下排第 1 位表示时间的数字会闪烁,可以按上翻键或下翻键在 0~30min 之间选择。按"确定"键确定;第 2 位表示功率的数字会闪烁。可以在 1~8 之间选择,按"确定"键确定。

全部设定完成后,或者不需要重新设定时,按"开电源"键,屏幕会显示"人工检查距离",此时需要使用烤灯头部的卷尺测量烤灯与被烤工件之间的距离。如图 12-48 所示,确定好烘烤距离后,按"开电源"键进行烘烤,如图 12-49 所示。

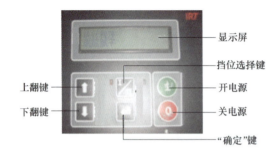

图 12-46 烤灯控制面板

图 12-47 烘烤程序的设定

图 12-48 烘烤距离的测量

图 12-49 烘烤干燥

烘烤过程分两个阶段:第一阶段为闪烁烘烤,屏幕显示闪烁关闭的剩余时间,单位为秒,倒数计时,闪烁关闭后进入下一阶段;第二阶段为烘干,屏幕显示烘干剩余时间,单位为秒,倒数计时。烘烤结束后烤灯自动关闭,并有蜂鸣提示。此时切记不要关闭电源,因为烤灯风机还需要运转 1min 使自身散热,当风机停机后再关闭电源,同时要整理好电线,将烤灯支臂升起,轮子锁止防止烤灯自己移动。

12.6 底漆的打磨

汽车修补所使用的底漆大多为填充底漆,喷涂干燥后应进行适当的打磨,以便为面漆喷涂提供良好的表面。

填充底漆的打磨可用手工湿打磨和干磨机打磨两种方法,选用时主要考虑底漆的特点,参阅涂料的技术说明书进行。例如"鹦鹉"系列填充底漆的打磨技术说明,见表 12-4 所示。

从表中可以看出,部分底漆适合手工湿磨,部分底漆适合干磨机打磨,还有部分底漆适合这两种方法。

表 12-4　填充底漆的打磨说明

填充底漆型号	使用干磨机粗打磨	使用干磨机细打磨	手工湿磨
76-71 "鹦鹉"单组分填充底漆	√		P800
283-150 VOC "鹦鹉"磷化填充底漆	√		P800
285-16 VOC "鹦鹉"高浓热固填充底漆	√		P800
285-500 "鹦鹉"高浓填充底漆,灰色	√	P400	
285-550 "鹦鹉"高浓填充底漆,黑色	√	P400	
285-650 "鹦鹉"高浓填充底漆,白色	√	P400	P800
285-700 "鹦鹉"填充底漆,灰色	√	P400	P800
285-85 "鹦鹉"中浓填充底漆,灰色	√	P400	P800
801-72 VOC "鹦鹉"环氧填充底漆	√	P400	P800

填充底漆的打磨，无论是湿磨还是干磨，其操作方法与除旧漆相似，不同点体现在以下几个方面：

① 手工湿磨时，通常选用 P800 的水磨砂纸。
② 手工湿磨时，必须使用磨块，对于有软硬面的磨块，应选用软面。
③ 手工湿磨时，磨块必须保持与钣件表面平贴，以获得平滑的表面。
④ 用干磨机打磨时，选用的砂纸为 P400。
⑤ 用干磨机打磨时，必须保证磨头与钣件表面平贴，以获得平滑的表面。
⑥ 无论是手工湿磨还是干磨机打磨，千万注意不要打磨过度，只轻轻打磨至光滑即可。

12.7 喷枪的维护

12.7.1　喷枪的清洗

喷枪使用后，应立即清洗，不注意维护和清洗喷枪是喷枪发生故障的主要原因。

以上吸式喷枪为例，清洗时，首先应先卸下涂料罐，将吸料管留在杯内。接着松开空气帽 2～3 圈，用一块叠好的抹布挡住空气帽，然后扣扳机，使喷枪内的涂料流回涂料罐内，如图 12-50 所示。

重新将空气帽拧紧，并把涂料罐的涂料倒回废料罐内。用溶剂和毛刷清洗杯内和杯盖，用一块浸过溶剂的抹布擦掉残余物，然后，向杯内倒入少许干净的清洁剂，扣动扳机，将清

图 12-50 关闭小孔使涂料流回容器

洁剂喷出,清洗输料管,如图 12-51 所示。

旋下气帽,用专用工具卸下混漆嘴,如图 12-52 所示。

将拆下的气帽泡在稀释剂或溶剂中,用类似圆头毛刷或其他软刷子清洗堵塞的小孔,如图 12-53 所示。注意,绝不能用铁丝或铁钉类的东西清理这些小孔,因为这些小孔都是精加工钻出的,用喷枪刷和溶剂清洗喷嘴。用泡过稀释剂的抹布将枪体外部擦干净,注意要擦掉所有涂料的痕迹。

也可利用喷枪自动清洗机,结合人工手洗来清洗喷枪,清洗效果非常好。将喷涂设备(包括喷枪、储料杯、搅拌器和滤网等)放到喷枪清洗机的大桶内相应位置上,接好喷嘴(具体方法参阅相关设备使用说明书),盖上桶盖。然后打开气动泵使清洗桶内的清洗液旋转,不超过 1min,该设备就能把各部件清洗干净,如图 12-54 所示。

图 12-51 冲洗喷枪

图 12-52 用专用工具卸下混漆嘴

图 12-53 通气帽小孔

图 12-54 清洗机清洗喷枪

新型超声波清洗机效果更好。只要在机器内注入清洗液,将零件放入容器中,打开开关即可,并可以人工设定清洗时间,如图 12-55 所示。注意,如果喷枪选装了数字式气压表,则不能放入超声波清洗机中清洗。

12.7.2　喷枪的润滑

最好每天工作完后都进行润滑喷枪,用轻机油润滑喷枪的各部件,如图 12-56 所示。由于正常的磨损和老化，密封圈、弹簧、针阀和喷嘴必须定期更换，更换应按生产厂家的说明进行。由于机油过量就会流入涂料和机油通道，机油和涂料混合后就会降低喷涂质量，因此润滑时必须非常小心。

图 12-55 用超声波清洗机清洗喷枪

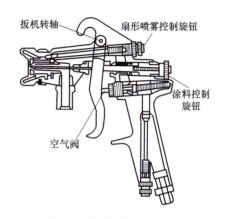

图 12-56 需润滑的喷枪各部件

不要把整支喷枪长时间泡在清洗液中，这样会使密封圈硬化，并破坏润滑效果。

为了获得最佳的修补效果，在不同的涂层和情况下要使用不同的喷枪。建议每人配4把枪，一把用于底漆、中涂层喷涂，一把用于面漆、罩光层喷涂，一把用于银粉漆喷涂，还有一把小修补喷枪用于点修补时使用。如果这些喷枪在使用过程中保持良好的清洗和工作顺序，就会节省大量的换枪时的调整和清洗时间。

对SATA SPR型喷枪，当喷涂了水性漆后，清洗时应使用清水和专用清洗液。首先将专用清水装于喷液壶内，将壶打压后，使壶嘴对准喷枪上的储液壶安装孔压紧，扣压喷枪扳机的同时按压喷液壶的按钮，初步清洗，如图12-57（a）所示；然后用专用清洗剂按上述相同操作再洗一遍，如图12-57（b）所示，晾干即可。

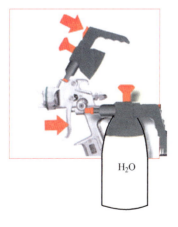

(a) 用清水初步清洗

(b) 用专用清洗剂清洗

图 12-57 SATA SPR型喷枪的清洗

第13章
原子灰的涂装

车身钣件处漆膜损伤经打磨处理后，由于钣件表面不平，且旧漆膜较厚，所以应刮涂原子灰，以填充不平并快速建立足够的涂层厚度，如图13-1所示。

对于非常平整的钣件，喷完底漆后，即可进行中涂底漆或面漆的涂装，但是，对于不够平整的表面，特别是经过钣金处理后的表面，由于凸凹较大，底漆很难将其填平，如图13-2所示，此时就应用涂原子灰的方法来处理。

图13-1 刮原子灰

图13-2 底漆的填平

13.1 原子灰的刮涂

13.1.1 车身钣件的准备

清除掉受损伤或老化的旧漆膜，修整好与保留旧漆膜的边缘交接部位之后，对于需刮涂原子灰的表面必须用压缩空气彻底清除粉尘。对于裸露的金属表面，要用除油剂进行脱脂处理。

雨天和湿度高的季节，金属表面往往带有湿气，应该用红外线灯和热风加热提高金属表面温度，除去湿气，寒冷季节也可采用相同的办法处理，这样既可以提高原子灰附着力，又可以避免面漆涂装后出现起层、开裂等质量事故，同时原子灰层的干燥速度也随之提高。

13.1.2 原子灰的准备

（1）原子灰的选择

挑选原子灰有3个标准：一是原子灰要与金属和旧涂膜的附着性能好；二是原子灰要具有耐热性，要能在120℃条件下，承受30min以上，而不产生起层、开裂、气泡等现象；三是原子灰的刮涂和打磨施工作业性能要好，刮原子灰后3min左右就能进行打磨。

如果打磨性能差，会使作业时间变长，操作者出现疲劳，既难以保证表面打磨质量，砂纸的消耗量也会增加。这些时间和材料的浪费，都将直接导致经济性下降。

如果原子灰过硬难以打磨，如图13-3所示，就会过多地磨掉周围的涂膜，如图13-4所示，使表面凹凸不平，不得不再次补原子灰。

图13-3 刮涂过硬的原子灰　　　　　图13-4 过多磨掉漆膜

若原子灰中含有空气，加热时易产生气孔或气泡的原子灰，也会导致作业效率下降，如图13-5所示，如果出现气孔，不仅必须重新补原子灰，还会导致起泡和起层等质量问题。

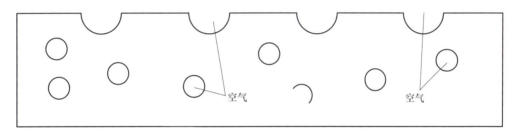

图13-5 易产生气孔或气泡的原子灰

耐水性也是选择原子灰的重要条件之一。当然，如果对原子灰采用干磨，可以免去这一条件；而如果采取湿磨，就必须考虑这一因素，要对原子灰进行耐水性试验。

在实际汽车修补涂装工作中，选择原子灰重点考虑的因素是被涂物面材料，因为不同类型的原子灰与钣件的适用性是不同的。

（2）检查原子灰的覆盖面积

为了确定需要准备多少原子灰，需再次估计损坏的程度，确定原子灰的覆盖面积，如图13-6所示，此时不能触及旧漆膜表面的区域，以防止因附着力不足而形成开裂，根据刮涂区域，确定应拌和的原子灰用量。

（3）取原子灰

原子灰通常装于铁制的罐内，固化剂装在软体的管内，如图13-7所示。

原子灰装在罐中的时候，其各种成分如溶剂、树脂及颜料会分离。由于原子灰不可以以分离的形态使用，故使用前必须将罐盖打开并充分搅拌。

用专用工具撬开原子灰盒盖，可使长柄原子灰刮刀或搅拌棒之类的工具将原子灰充分搅拌均匀，如图13-8所示。

原子灰罐每次用后必须盖好，以防溶剂蒸发，如果溶剂蒸发了，要向罐中倒入专用溶剂。

装在管子中的固化剂也是如此，使用前应充分挤压装固化剂的胶管，使管内的固化剂在使用前充分混合，如图13-9所示。

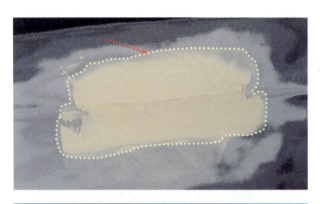

图13-6 原子灰刮涂区域

图13-7 原子灰和固化剂

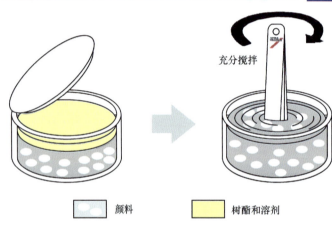

图13-8 原子灰的搅拌

（4）拌和原子灰的操作

① 将适量的原子灰基料和固化剂放在混合板上，如图13-10（a）所示，然后按规定的混合比例添加定量的固化剂，固化剂的加入量一般为（100∶2）~（100∶3），具体数据应以涂料技术说明书为准。

若固化剂过多，则干燥后会开裂；若固化剂过少，则难以固化干燥。近来，有一种方法是将主剂和固化剂采用不同的颜色相区别，通过其混合后的颜色来判断其混合比。原子灰主剂与固化剂拌和时，固化剂的容许量有一定范围，可以随气温的变化而适当调整，具体数值应以产品说明书为准。

一次不要取出太多的原子灰来调和，因为调和后的原子灰会很快固化，如果还没刮涂到规定部位即固化，则调和的原子灰便不能再用，造成浪费。

② 用刮刀的尖端舀起固化剂，将其均匀散布在原子灰基料的整个表面上，如图13-10（b）所示。

图13-9 充分混合管内固化剂

③ 抓住刮刀，轻轻提起其端头，再将其滑入原子灰下面，然后将其向混合板的左侧提起。在

刮刀舀起大约 1/3 原子灰以后，以刮刀右边为支点，将刮刀翻转，如图 13-10（c）所示。

④ 将刮刀基本上与混合板持平，并将它向下压，如图 13-10（d）所示。一定要将刮刀在混合板上刮削，不要让原子灰留在刮刀上。

⑤ 拿住刮刀，稍稍提起其端头，并将在混合板上混合的原子灰全部舀起。

⑥ 将原子灰翻身，翻的方向与步骤③中的相反，如图 13-10（e）所示。

⑦ 与步骤④相同，将刮刀基本上与混合板持平，并将它向下压，从步骤③重复。

⑧ 在步骤③~⑥过程中，原子灰往往向上朝混合板的顶部移动。在原子灰延展至混合板的边缘时，舀起全部原子灰，并且将它向混合板的底部翻转。重复步骤③~⑥，直到原子灰充分混合。

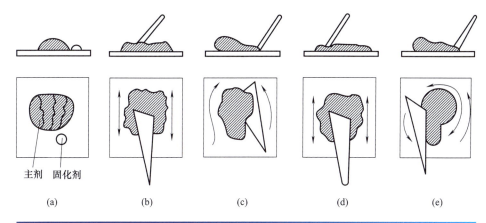

图 13-10　原子灰的拌和法

原子灰有可用时间的限制，即主剂和固化剂混合后，保持不硬化而能进行刮涂的时间限制，通常在 20℃条件下，可以保持 5min 左右。

是否拌和良好，主要可通过混合物的颜色是否均匀来判定。如果拌和不良，就会引起固化和附着不良等问题。有的原子灰随季节不同，固化剂的配合比要相应变化，应根据产品说明书的要求去做。

13.1.3　原子灰的刮涂

（1）刮刀的握法

刮原子灰时，应左手握原子灰托板，右手拿刮刀。刮刀有以下几种握法。

① 直握法。如图 13-11 所示，直握时食指压紧刀板，拇指和另外 4 指握住刀柄。这种握法适用于小型钢刮刀。

② 横握法。如图 13-12 所示，横握时拇指和食指夹持住刮刀靠近刀柄的部分或中部，另外 3 个手指压在刀板上。

③ 其他握法，如图 13-13 所示。对于右手握刀的人，图 13-14 所示是较常用的握法。

（2）刮原子灰的手法

① 往返刮涂法。往返刮涂法是先把原子灰敷在平面的边缘成一条线。刮刀尖成 30°~40°，向外推向前方，将原子灰刮涂于低陷处，多余原子灰挤压在刮刀口的右面成一条线。这种方法适合于刮涂平面物体。

② 一边倒刮涂法。一边倒刮涂法就是刮刀只向一面刮涂。汽车车身刮涂原子灰的顺序是从上往下刮,或从前往后刮。手持刮刀的方法有两种:一种是用拇指与中指等握住刮刀,食指压在刮刀的一面,原子灰打在托板上,刮刀将原子灰刮涂于物面,即从上往下刮涂,依次进行,最后将多余原子灰刮回到托板上;另一种是用拇指与食指握刮刀,原子灰黏附在刮刀口内面,从外向里刮涂,依次进行。这种方法适合于刮涂汽车翼子板、发动机罩等,如图13-15所示。

图13-11 刮刀的直握法

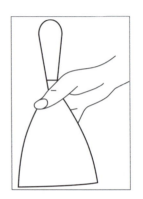

图13-12 刮刀的横握法

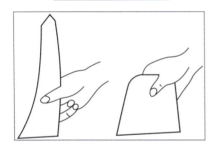

图13-13 刮刀的其他握法

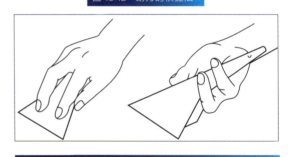

图13-14 右手握刀者的常用握法

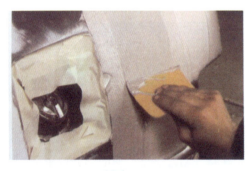

图13-15 一边倒刮涂法

刮涂原子灰时应将刮具轻度向下按压,并沿长轴方向运刮,如图13-16(a)所示。每次涂刮原子灰的量要适度,避免造成蜂窝和针孔。对于区域性填补应按图13-16(b)中所示的方向进行运刮。

刮涂原子灰的方式有满刮和软硬交替刮两种,其中,满刮又分填刮和靠刮;软硬交替刮又分"先上后刮"和"带上带刮";另外还有"软上硬收""硬上硬收"和"软上软收"等。

填刮:用较稠的原子灰分若干次将构件表面的凹陷填平。填刮时主要用硬刮具靠刀口上部有弹力的部位与手劲配合进行操作。

靠刮:所用的原子灰稠度稍低,用于最后一二次的刮涂,用来平滑构件的表面。刮涂时靠硬刮具以刮口上部起主要作用,将原子灰刮涂,使原子灰刮得薄、封得亮。

先上后到:先将原子灰逐一填满,然后再用硬刮具将其收刮平整,适用于较大面积的刮涂。

带上带刮：边上原子灰边将其收刮平整，适用于较小面积或形状较复杂部位的刮涂。

软上硬收：先用软刀在垂直平面上刮挂原子灰，然后再用硬刮具将原子灰收刮平整，这样原子灰不容易发生掉落现象。

硬上硬收：上原子灰和收原子灰都用硬刮具以利于刮涂面平整，适合刮涂有平面又有曲面的构件。

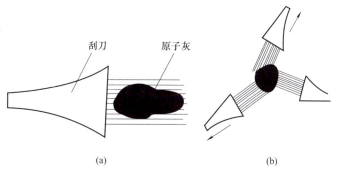

图 13-16　刮具的运刮方向

软上软刮：上原子灰和收原子灰时均采用软刮具，以利于按构件表面的图形刮出弧度来，适合刮涂单纯曲面构件。

（3）不同表面刮原子灰的操作

拌和结束后，用刮刀刮涂。原子灰与复合油灰的刮涂要领是相同的，关键在于要仔细地刮出平面，同时尽量避免出现气孔。

平面局部修补原子灰时，一般采用填刮的刮除方法，其步骤如下：

① 现将原子灰往金属表面上薄薄地抹一层，刮刀上要加一定的力，以提高原子灰与金属表面的附着力，如图 13-17（a）所示。

② 逐渐用原子灰填补修补的凹坑，刮涂时刮刀的倾斜角度随作业者的习惯而存在差异，通常以 35°～45° 为好（要注意原子灰中不要混入空气，否则会产生气孔和开裂），如图 13-17（b）所示。

③ 刮刀成 35° 半平躺进行修饰作业，如图 13-17（c）所示。

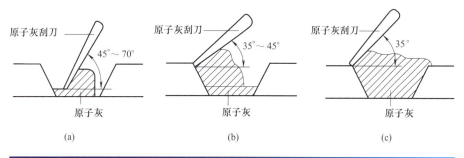

图 13-17　局部修补原子灰

如果是曲面，第一步和第二步可采用填刮，第三步应换用橡皮刮刀进行刮涂，以刮出正确的曲面形状。

大面积刮原子灰时，使用宽刮刀比较方便。比如车顶、发动机罩、行李箱罩、车门等，使用宽的橡皮刮刀，可以提高刮涂速度。

曲面刮涂应使用橡胶刮刀，根据被刮曲面的形状，使用弹性不同的刮刀，可以促使作业合理化，如图 13-18 所示。用软刮刀刮涂圆角部分的操作方法，如图 13-19 所示。

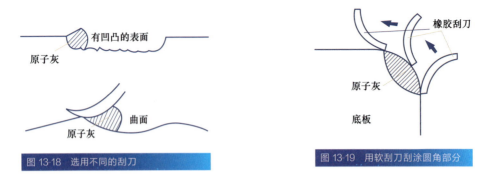

图 13-18　选用不同的刮刀　　　　图 13-19　用软刮刀刮涂圆角部分

对于冲压形成按一定角度交接的两个面（有棱线处），若需在冲压线部位进行刮原子灰修补，沿交接线贴上胶带纸遮盖住一侧，刮好另一侧的原子灰，如图13-20（a）所示，约5min，待原子灰干后，揭下胶带，如图13-20（b）所示。再在已刮好的一侧贴上胶带纸遮盖，接着刮涂好余下的一侧，如图13-20（c）所示。如此进行，可很好地恢复冲压棱线的线形。

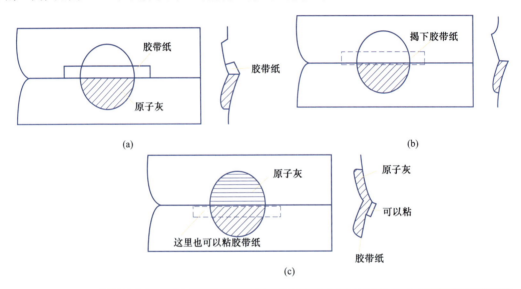

图 13-20　冲压线部位的原子灰修补

冲压线部位的原子灰修补严重，或原来的旧涂膜较厚，一次刮涂填不满时，可以分成2~3次刮涂，如图13-21所示。这种情况下，可以在前一层处于半干的状态下，刮上新的一层。一次刮涂过厚，会形成气孔等问题，如图13-22所示。

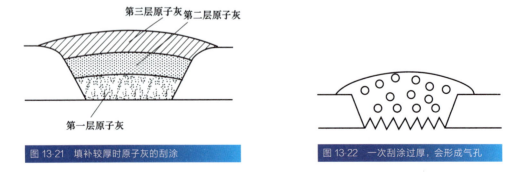

图 13-21　填补较厚时原子灰的刮涂　　　　图 13-22　一次刮涂过厚，会形成气孔

对于较大平面，可以按下述步骤进行原子灰刮涂：

① 施涂第一层原子灰时，将原子灰薄薄地施涂在整个表面上，如图 13-23（a）所示。

② 为了最大限度地减少在后续打磨工序中所需施加的力，施涂第二层原子灰时，边缘不要厚。当刮刀处于图 13-23（b）所示的位置时，用食指向刮刀的顶部施力，以便在边缘涂一薄层。

③ 在下一道施涂原子灰时，如图 13-23（c）所示，要与在第二层中覆盖的部分稍有重叠。为了在这一道开始时涂一薄层，要用一点力，将刮刀抵压在工件表面上，然后释放压力，同时滑动刮刀。此外，在施涂结束时，要向刮刀施一点力，以涂一薄层。

④ 重复步骤③，如图 13-23（d）所示，直到在整个表面上施涂的原子灰达到要求。

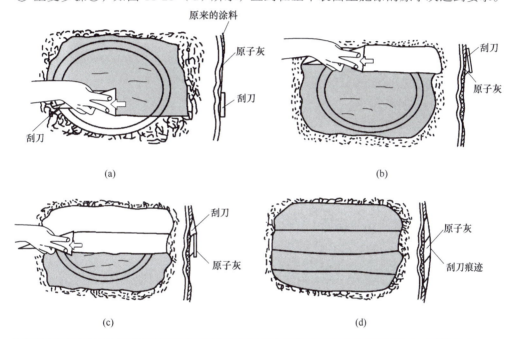

图 13-23 平面施涂原子灰

较大平面的刮涂也可采用图 13-24 所示的方法，首先将原子灰涂于待刮涂区域中间，然后用刮刀向四周摊开。

在进行刮涂操作时，一定要注意，各次运刮应有一定的重叠（约 1/3），如图 13-25 所示，以防止出现刮棱而影响表面平整度及打磨。

无论是大平面还是局部刮涂原子灰，最后完工后，原子灰的表面一定要比周边的旧漆膜要高，以便在后续的打磨后获得与旧漆膜等高的表面。

在向平面施涂原子灰时，要注意以下事项。

① 如果刮刀在各道施涂中，仅向一个方向移动，原子灰高点的中心就有所移动。这种情况很难打磨，所以刮刀在最后一道中必须反向移动，以便将原子灰高点移回中央。

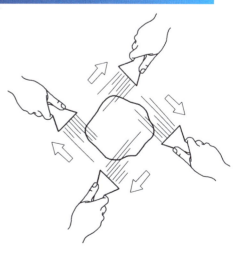

图 13-24 由中间向四周的刮涂方法

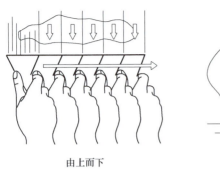
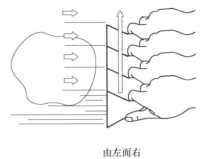

由上而下　　　　　　　　　　由左而右

图 13-25　各次运刮的重叠

② 原子灰必须比原来的表面高，但是，只能略微高一点，因为如果太高了，在打磨过程中，就要花许多时间和力气来清除多余原子灰。

③ 原子灰施涂在工件表面上的范围，必须以在磨缘过程中所留下的打磨划痕为限。如果没有打磨划痕，原子灰就粘不牢，日后可能剥落。

④ 施涂原子灰要快，必须在混合以后大约 3min 以内施涂完。如果花费时间太长，原子灰就可能在该道施涂完成前固化，影响施涂。

⑤ 原子灰在固化中会产生热。如果遗留在混合板上的原子灰在施涂工作以后立即放在垃圾箱内，原子灰产生的热可能引燃易燃物品。因此，一定要确认原子灰已经凉透了，才能将之弃置。

13.1.4　刮原子灰时应注意的事项

刮原子灰注意的事项具体如下：

① 刮涂前被涂装表面必须干透，以防产生气泡或龟裂；若被涂装表面过于光滑，可先用砂纸打磨，以使原子灰与底面结合良好。

② 应在一两个来回中刮平，手法要快、要稳，且不可来回拖拉。拖拉刮除次数太多，原子灰易脱毛，表面不平、不亮，还会将原子灰里的涂料挤到表面，造成表干内不干，影响性能。

③ 洞眼、缝隙之处要用刮刀尖将原子灰挤压填满，但一次不宜刮涂太多、太厚，以防止干不透。

④ 刮涂时，四周的残余原子灰要及时收刮干净，否则表面留下残余原子灰块粒，干燥后会增加打磨的工作量。

⑤ 若需刮涂的原子灰层较厚，要多层刮涂，则每刮一道都要充分干燥，每道原子灰不宜过厚，一般要控制在 0.5~1.0mm，否则容易收缩开裂或干不透。

⑥ 在钣件连接处或对整车外观影响较小处，原子灰的总刮涂厚度（打磨后）不允许超过 3mm；而在对整车外观影响较大处，特别是车身侧面，原子灰总刮涂厚度（打磨后）不允许超过 1mm。

⑦ 原子灰刮涂工具用完后，要清理干净再保存。刮刀口及平面应平整无缺口，以保障刮涂原子灰的质量。

⑧ 夏季天气炎热，温度较高，原子灰容易干燥。成品原子灰可用稀料盖在上面，自配的石膏原子灰可用湿布或湿纸盖住。冬季放在暖处，以防结冻，用时可加些清漆和溶剂，但不宜久放。

⑨ 原子灰不能长期存放于敞口的容器中,以免黏合剂变质,溶剂挥发,造成粘挂不住,出现脱落或不易涂刮等问题。

13.2 原子灰的干燥

新施涂的原子灰会由于其自身的反应而变热,从而加速固化反应。一般在施涂以后 20~30min 即可打磨。如果气温低或湿度高,原子灰的内部反应速度降低,则需较长的时间来进行固化。

加热时间的控制可查阅涂料的技术说明,也可用红外线烤灯烘烤原子灰,如图 13-26 所示,在使用红外线灯或干燥机来加热和干燥原子灰时,一定要使原子灰的表面温度控制在 50℃以下,距离控制在 100cm 以上,如图 13-27 所示,以防止原子灰分离或龟裂。如果表面热得不能触摸,则说明温度太高了。

涂层薄的地方的温度往往比涂层厚的地方低。这种较低的温度会减慢涂层薄的地方的固化反应。因此,一定要检查涂层薄的部分,以确保原子灰的固化状况良好。

检测原子灰是否完全干燥的方法通常是用刮刀在原子灰表面轻划,如果有轻微的划痕即可。注意重点检查原子灰的周边区域,如图 13-28 所示,因为边缘区域干燥慢(反应热少)。

若距离、温度设定好,原子灰的周边区域检查完毕后,就可进行烘烤,如图 13-29 所示。

图 13-26 红外线烤灯

图 13-27 测量烘烤距离

图 13-28 检查原子灰干燥的区域

图 13-29 烘烤原子灰

13.3 原子灰的打磨

图 13-30 刮涂原子灰后的状况

刮涂后的原子灰表面非常不平，必须经过充分的打磨后才能适合进行下一涂层的涂装，如图 13-30 所示。另外，刮涂的原子灰干燥后，其表面要比周围的旧漆膜高，所以必须经过打磨，使其有合适的涂膜厚度，保证在其上涂装二道漆和面漆后，总漆膜厚度与周围的旧漆膜接近。同时，原子灰打磨后的表面，会有一些气孔和大的砂纸痕，必须经过修整。

13.3.1 用锉刀打磨原子灰

手工打磨原子灰是用锉刀粗修整，原子灰锉刀有圆锉刀、半圆锉刀、三角锉刀和平锉刀 4 种，如图 13-31 所示，可根据原子灰层和车身曲面的状态分别使用。锉刀使用的材料是经特殊淬火处理的钢，锉刀刃呈网状排列。

图 13-31 原子灰锉刀

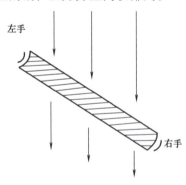

图 13-32 锉刀的使用

① 要先用半圆锉刀锉削。锉削中要注意不能施力过大，否则会在表面留下深深的锉痕。半圆锉刀最适宜原子灰的锉削，因为呈半圆状锉刀口不易弯曲，容易形成平面。使用时倾斜 30°～40°，这样锉削面比较大，锉削起来也不吃力，如图 13-32 所示。

圆锉刀主要用于半圆锉刀和平锉刀无法使用的位置，如内凹的曲面和孔状部位等。

② 为消除半圆锉刀的锉痕，可使用平锉刀进行第二次锉削。平锉刀只是为了修整半圆锉刀锉削后的痕迹。平锉刀易弯曲，用力过大就会折断；但其优点是锉削痕不会变深，因此用于曲面锉削也比较方便。

原子灰过于干燥，锉起来就很困难，所以应争取在原子灰完全固化前完成锉削作业。如果锉削下来的原子灰呈较长的粗线状，说明原子灰质量好，锉削的时机也掌握得较适宜。

如果刮涂的原子灰表面比较平整，可不用锉刀锉修，而直接进行砂纸打磨。

13.3.2 手工砂纸打磨

在汽车涂装施工过程中，打磨操作通常采用手工打磨和机械打磨两种方式。手工打磨适用于对小面积原子灰的粗磨和大面积原子灰的细磨以及需精工细磨部位（如对型线、曲面、转角及圆弧和弯曲等部位）的修整。手工打磨是用磨块上包砂布（纸）的方法进行打磨的。

手工打磨又分为手工干磨法和手工湿磨法两种。手工湿磨法也称水磨法，操作时无粉尘飞扬，生产效率高，打磨质量好；但水磨后的涂层上有水分，需经烘干后方可进行下道工序的施工，故生产周期长，而且会造成由于水分清理不彻底而形成后续施工的缺陷，故几乎所有的涂料生产商均建议采用干磨法。

手工砂纸干打磨的步骤如下。

① 选择合适的磨料，采用氧化铝磨料的疏式砂纸比较适合干打磨，粒度为 P80。

② 准备好气枪，将气枪连接到压缩空气管道上。

③ 戴好手套和防尘口罩。

④ 裁好砂纸。

⑤ 粗打磨。打磨时砂纸的递进程序如图 13-33 所示。

a. 用 P80 的砂纸打磨。只打磨原子灰中部较高的表面，直到整个原子灰表面略高于旧漆层为止。打磨时应注意不要始终按一个方向打磨，即应经常改变打磨方向，以"米"字形交叉打磨，可获得较为平滑的表面。

b. 换用 P150 的砂纸打磨。此次打磨应扩展到整个涂了原子灰的区域。

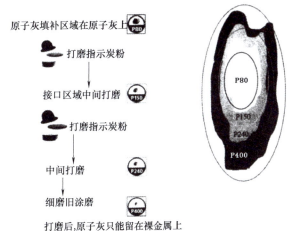

图 13-33 打磨时砂纸的递进程序

⑥ 检查原子灰表面。如果原子灰表面有明显的凹陷等缺陷或整体/局部表面高度不够（低于旧漆膜），则应再次补涂原子灰→干燥→粗打磨，直到确认原子灰表面平整、高度符合要求（比旧漆膜高）为止。注意再次补涂原子灰前，需清洁表面，因为聚酯原子灰表面多孔容易有水或灰尘残留在孔

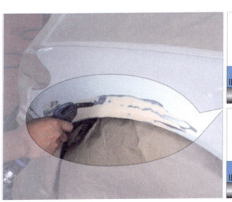

图 13-34 用压缩空气吹去灰尘

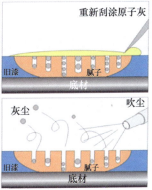

中，因此打磨以后需要用压缩空气吹去灰尘，才可以再次刮涂原子灰，如图 13-34 所示。

⑦ 清洁。用吸尘器吸净表面的灰尘或用压缩空气吹净。

⑧ 施涂填眼灰。检查原子灰表面，若发现有气孔和小的伤痕，如图13-35所示，应马上修补，如果都等到喷中涂底漆之后再修整的话，往往更麻烦，对这类缺陷，应该用填眼灰进行填充，消除引起缺陷，如图13-36所示，但是，如果原子灰的施工非常标准（固化剂加入量合适，原子灰搅拌均匀，每一道刮涂都很薄），打磨后表面将非常平整，几乎不会存在气孔及深度的划痕，则无需施涂填眼灰。

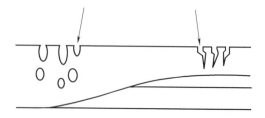

图13-35 原子灰打磨后的表面缺陷

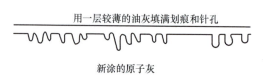

图13-36 填眼灰消除表面缺陷

填眼灰的包装形式通常有罐装和胶管装两种，填眼灰内含有溶剂，使用前应充分混合。

a. 搅拌填眼灰。对于盛装于软体金属或胶管内的填眼灰，搅拌时，用手反复捏揉管体即可；对于盛装于金属罐内的填眼灰，可用专用工具打开盖后，用搅拌棒进行充分搅拌。

b. 取填眼灰。用原子灰刮刀取少量填眼灰，置于原子灰托板上，也可以置于另一个刮刀刀片上。由于填眼灰一般不需要添加固化剂，取出后即可使用（有的填眼灰需按比例加入稀释剂混合后才能使用），而且其固化时间很短，用量也少，所以应少取，并且应在尽量短的时间内用完。

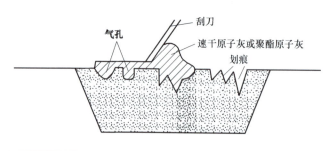

图13-37 气孔和划痕的修补

c. 施涂填眼灰。如图13-37所示，用小的原子灰刮刀，以刀尖部取少量的填眼灰，对准气孔及划痕部位，用速干原子灰或聚酯原子灰填补，用刮刀将原子灰用力压入气孔或划痕内，必要时可填补多次。

d. 干燥填眼灰。一般填眼灰施涂后，在自然条件下5～10min即可完全干燥，无需烘烤。

e. 打磨填眼灰。填眼灰施涂后，会破坏原来打磨平整的原子灰表面，另外，填眼灰的性能不如原子灰，所以必须将多余的填眼灰完全打磨掉。干打磨采用粒度为P150～P180砂纸；若湿打磨则采用P240～P320的砂纸。打磨时要配合磨块，直到气孔和划痕外的填眼灰完全被打磨掉为止，如图13-38所示。

⑨ 细打磨。细打磨操作步骤如下。

a. 施涂打磨指导层。将粉扑按压在粉盒上，上下摇晃粉盒使粉扑粘上炭粉，然后用炭粉涂抹在原子灰表面，如图13-39所示。

b. 用P240的砂纸整体打磨，区域限制在底处理留下的羽状边以内。此时，应重点关注原子灰与旧漆膜的交界处，因为此处往往有较深的砂纸痕，必须仔细打磨，如图13-40所示。

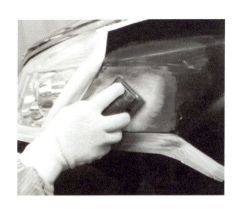

图 13-38 打磨填眼灰

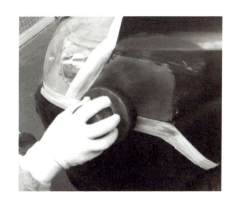

图 13-39 涂打磨炭粉指示层

c. 换用 P400（或 P320）的砂纸精磨原子灰，如图 13-41 所示。先打磨原子灰周边的旧漆膜，接着打磨的区域应扩展到旧漆膜凡准备喷涂中涂底漆的地方，如图 13-42 所示。

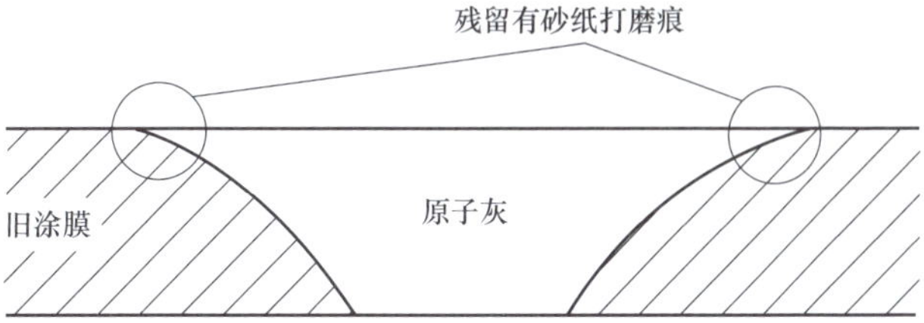

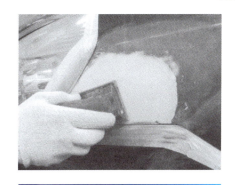

图 13-41 精磨原子灰

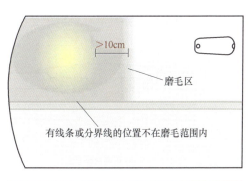

图 13-40 交接处的砂纸磨痕

图 13-42 磨毛范围

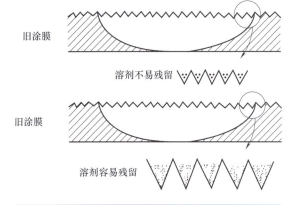

图 13-43 砂纸磨痕残留后的影响

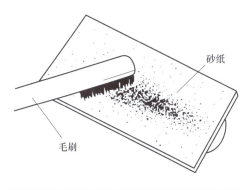

图 13-44 用毛刷清除粉尘

此时，还需重点关注原子灰与旧漆膜的交界处，因为如果此处不打磨平滑，则会在后续的喷涂中涂底漆时，由于砂纸痕内易存留溶剂而产生起泡现象，如图 13-43 所示。

在打磨原子灰时，要注意如下几点：

a. 在打磨过程中，粉尘会堵塞砂纸缝隙，造成打磨效率降低，所以应及时用毛刷或风枪清除干净砂纸上的粉尘，如图 13-44 所示。

b. 为了避免过度打磨还要随时检查原子灰的平整度，如图 13-45 所示。

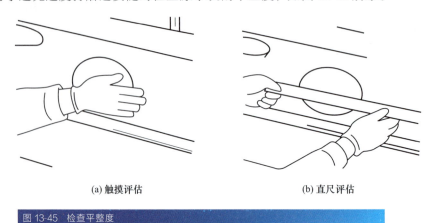

(a) 触摸评估　　　　　　　　　　　　(b) 直尺评估

图 13-45　检查平整度

c. 为避免形成多级台阶，重新刮涂原子灰的范围要大于下层原子灰的范围，如图 13-46 所示。

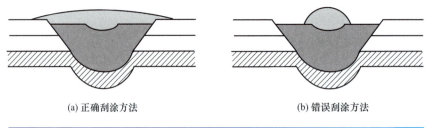

(a) 正确刮涂方法　　　　　　　　　　(b) 错误刮涂方法

图 13-46　原子灰补刮的范围

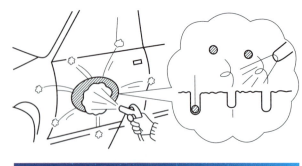

图 13-47　除尘

⑩ 清洁表面。使用风枪将原子灰缝隙里面及工件表面的灰尘吹除干净，如图 13-47 所示，再对原子灰周围进行除油。

如果采用刮涂细原子灰（第二遍原子灰），则可不进行填眼操作。采用刮涂细原子灰修整原子灰表面缺陷时，粗打磨原子灰后的表面必须比旧漆膜低，如图 13-48 所示。

细原子灰的施涂工艺与刮原子灰相似，如图 13-49 所示。

细原子灰刮涂后干燥，用 P320 打磨平整后包括需喷涂中涂底漆的旧漆膜表面，即可进

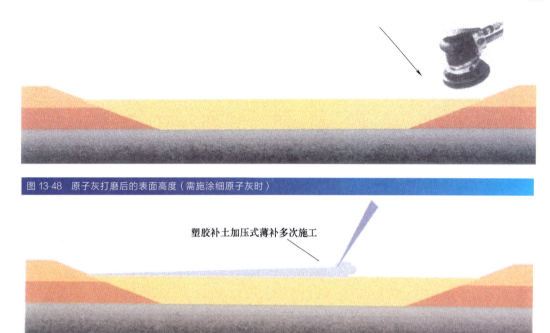

图13-48 原子灰打磨后的表面高度（需施涂细原子灰时）

图13-49 细原子灰的施涂

行中涂底漆的喷涂。细原子灰打磨后的表面应与周边旧漆膜高度接近，细原子灰打磨后的情形如图13-50所示。图13-51所示为喷涂中涂底漆后的情形。

图13-50 细原子灰打磨后的情形

图13-51 喷涂中涂底漆后的情形

干打磨之所以被认为是打磨原子灰的首选方法，是它有以下优点：

① 减少了因水的原因造成的质量问题。

② 显著缩短了打磨工序的时间。机械处理效率更高，减少了清理车身表面的程序与时间，不再需要多次干燥的环节，简化了修补流程。

③ 显著提升维修企业的专业形象。

④ 适应越来越严格的环境保护的需要。

⑤ 显著减轻了操作人员的劳动强度，提高了员工满意度。

⑥ 显著降低了污水、粉尘的困扰，保证了员工的身体健康。

⑦ 单位工时产出更多，同样的产出需要更少的工时成本。

⑧ 减少了返工成本，保证了正常利润。

⑨ 有利于按时交车，提高了客户的忠诚度。

⑩ 提升了企业的专业形象和社会形象。

是采用干打磨好，还是湿打磨好，关键在于要灵活运用两种方法的特点，推进作业的合理化，得到近乎完美的加工质量。

手工打磨原子灰时，除了手工干打磨这一方法外，修理厂习惯采用手工湿打磨，即用水磨砂纸浸水或喷水，或以海绵吸水后不时地挤淋到要打磨的表面，进行打磨。

湿打磨的优点：

① 研磨质量高，因为打磨时水能起到润滑作用，相对滑动阻力小，易消除表面的凹凸不平。

② 不起粉尘，这对后面的工序是有利的。

③ 从经济性方面来说湿打磨比干打磨少消耗砂纸。

湿打磨的缺点：

① 操作人员长期接触水，对人体会产生不利影响。

② 水磨后必去湿处理，因而影响工作效率。

③ 如果水分清洁不彻底，会产生起泡或锈蚀等涂装缺陷，如图13-52所示。

(a) 起泡

(b) 锈蚀

图13-52 湿磨后易产生的涂装缺陷

13.3.3 用干磨机打磨原子灰

（1）干磨系统准备

打磨机最好选用直行式或往复式,用双作用式也可。无论哪种打磨机,选择好打磨头是高作业效率的重要因素,其中包括砂纸的装卸应简单方便,安装砂纸的表面应平整,能与涂膜接触良好,硬度要适宜等,如图13-53所示。

另外,原子灰的技术说明书中,也会有关于打磨机选择的建议,尽量按建议选择。

(2)打磨

用打磨机打磨方法如下。

① 穿戴好安全劳保用品。

② 戴好手套,然后轻轻地摸一遍待打磨表面,这有助于操作技师决定如何进行打磨。

③ 握紧打磨机,将打磨机轻压在原子灰层表面,打开开关进行打磨,如图13-54所示。打磨时应注意,打磨头的工作面应保持与原子灰表面平行,如图13-55所示。打磨时不能施力过大,应将打磨机轻轻压住,靠旋转力进行打磨。若施力过大,就不能形成平整表面。

图13-53 打磨头

图13-54 用打磨机打磨原子灰

打磨机应采用"米"字形的移动方向进行打磨,如图13-56所示。

用打磨机打磨原子灰时的操作程序与手工干打磨相似,一般包括以下操作步骤:

a. 用P80的砂纸打磨。只打磨原子灰区域的中部较厚处,直到整个原子灰表面略高于旧漆层为止。

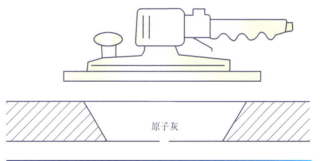

图13-55 打磨机的使用方法

b. 换用P150的砂纸打磨。此次打磨应扩展到接口区域即底处理留下的羽状边区域。

c. 根据需要施涂填眼灰,待填眼灰干燥后用P150的砂纸手工打磨填眼灰。

d. 换用P240的砂纸打磨。此次打磨应扩展至旧漆膜,区域不要太大,按P150的砂纸打磨区域向外扩3~5cm,重点关注原子灰与旧漆膜的交界处。

e. 选用P320砂纸打磨,将原子灰边缘至周边15cm的区域磨毛,为喷涂中涂底漆作准备。难以打磨的位置可以使用海绵砂纸或菜瓜布进行打磨。

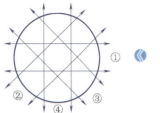 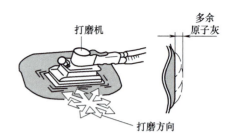

图 13-56　打磨机的移动方向

无论是手工打磨还是用打磨机打磨，原子灰最终打磨完成后，如果下道工序为喷涂中涂底漆，则原子灰表面应比周边的旧漆膜等高。

打磨机的打磨效果不是很好，而且对边角区域打磨困难，故在用打磨机打磨时，常需配合手工干打磨，以彻底清除细小的凹凸不平及打磨边角区域。通常从第一级砂纸打磨开始，至最后一级砂纸打磨过程中，更换每一级砂纸前，均要用同型号的砂纸进行手工打磨，重点是打磨机打磨不到的地方。

④ 清洁车身。最好使用压缩空气吹净打磨灰尘，必要时可配合使用除尘布除尘。

13.3.4　修整原子灰

原子灰在打磨后，一般呈现多孔状态，如果孔较大，则需要重新填补原子灰，如果孔较小或是较细的划痕，如图 13-57 所示，则可以刮涂幼滑原子灰进行填补，具体步骤是：

① 搅拌均匀幼滑原子灰。

② 取少量幼滑原子灰于刮刀上。

③ 按薄刮多层的方法将有缺陷的地方填平，如图 13-58 所示。

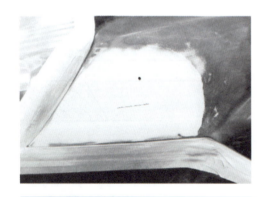 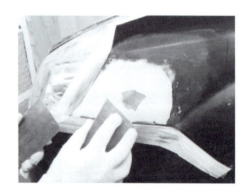

图 13-57　原子灰上面的小缺陷　　　　图 13-58　刮涂幼滑原子灰的效果

注意：幼滑原子灰也可以采用擦涂法进行施工，具体方法是用干净的擦拭布蘸取少量的幼滑原子灰后，在原子灰表面进行涂擦，将幼滑原子灰填充到缺陷里面，然后将表面多余的幼滑原子灰擦拭干净，这样就得到一个平整的表面，无须打磨直接进行中涂底漆喷涂即可，如图 13-59 所示。

④ 采用自然干燥或加速干燥的方法进行干燥。

⑤ 依次选用 P240 和 P320 砂纸配合手工磨块将幼滑原子灰打磨平整，如图 13-60 所示。

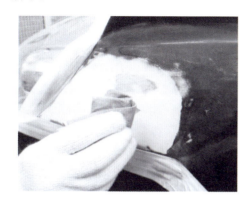

图 13-59　擦除幼滑原子灰

图 13-60　打磨幼滑原子灰

⑥ 清洁工件，整理工位及现场。

第14章 中涂底漆的涂装

原子灰表面打磨完成后,通常需要喷涂中涂底漆,如图14-1所示,以填平原子灰表面缺陷,为面漆喷涂建立良好的表面质量,但如果在原子灰的表面整体施涂了细原子灰,经打磨平整后检查,表面符合喷涂面漆的需要,则可不喷涂中涂底漆。对于施涂了底漆的表面,如果无需施涂原子灰,则可在其表面直接喷涂中涂底漆,以封闭底层缺陷,并快速建立涂层厚度。对于旧涂膜起细微橘皮的部位,可喷涂中涂底漆,填平凹陷部位,然后经打磨平整后即喷涂面漆。

当中涂底漆干燥后,即可进行打磨,如图14-2所示。

图14-1 喷涂中涂底漆

图14-2 中途底漆的打磨

14.1 中涂底漆的调制

14.1.1 喷涂前的准备

① 先用压缩空气或干净的擦拭布清除表面粉尘。

② 若进行过湿打磨,应作去湿处理,使被喷涂表面干燥。

③ 对于局部遮盖,一定要使用反向遮盖法,以使喷涂的中涂底漆有渐近的过渡,如图14-3所示。

④ 穿戴好合适的劳保防护用品,对需要喷漆的原子灰周围部位,用除尘布将需喷涂表

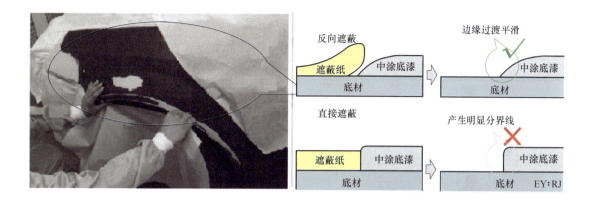

图 14-3 反向遮盖法的应用

面进行一次细致的除尘和除油,如图 14-4 所示。

14.1.2 调制中涂底漆

中涂底漆的调配及喷涂方法与底漆的调配及喷涂方法基本相同。根据不同产品的特点及涂装要求略有差别,一般调配及喷涂中涂底漆的方法如下:

① 查看产品技术说明,确定调配方法。本次选用的中涂底漆为某品牌的 P565-510 高固含量厚膜底漆,其技术说明见表 14-1。

图 14-4 除尘和除油

表 14-1 中涂底漆的使用说明

P565-510 高固含量厚膜底漆调配工艺		
适用底材	裸钢材、玻璃钢、聚酯原子灰、预涂底漆和状态良好的旧漆膜	
工艺	中涂(80~120μm)	喷灰(150~200μm)
(配比图)	P565-510　　　　　5 份 P210-938/-939/-790　1 份 P850-2K 稀释剂　　1 份	P565-510　　　　　5 份 P210-938/-939/-790　1 份 P850-2K 稀释剂　　0.5 份
S	20℃时 DIN4 杯 19~26s(24~35sBSB4) 混合后有效喷涂时间:1h 使用后立即清洗喷枪	20℃时 DIN4 杯 30~35s(41~48sBSB4) 混合后有效喷涂时间:30min 使用后立即清洗喷枪

续表

P565-510 高固含量厚膜底漆调配工艺		
适用底材	裸钢材、玻璃钢、聚酯原子灰、预涂底漆和状态良好的旧漆膜	
工艺	中涂（80～120μm）	喷灰（150～200μm）
	建议使用重力式喷枪 喷嘴： 重力式，1.6～1.9mm 压力，350～400kPa（52～60psi）	建议使用重力式喷枪 喷嘴： 重力式，1.7～2.0mm 压力，350～400kPa（52～60psi）
HVLP	喷嘴： 重力式，1.6～1.9mm 压力，70kPa（风帽处最大值 10psi）	喷嘴： 重力式，1.7～2.0mm 压力，70kPa（风帽处最大值 10psi）

② 穿戴好工作服、护目镜、过滤式面罩、橡胶手套、安全鞋等劳保防护用品。

③ 用调漆尺或搅拌杆将中涂底漆彻底搅拌均匀，如图14-5所示。

④ 按照喷涂的面积所需要的量，将底漆倒入合适的容器或量杯中，如图14-6所示。

图14-5 搅拌涂料

图14-6 倒出涂料

图14-7 添加固化剂及稀释剂

图14-8 过滤涂料

⑤ 按照产品技术说明上所给的比例用调漆比例尺添加适量的固化剂、稀释剂，如图 14-7 所示。

⑥ 用搅拌尺对添加好各组分的涂料彻底搅拌均匀。

⑦ 根据涂料特点和产品技术说明，选择合适口径的底漆喷枪。

⑧ 用过滤网将调配好的涂料过滤到喷枪里，如图 14-8 所示。

⑨ 连接气管，调节喷枪，通过雾形测试的方法检查喷枪是否调整好，如图 14-9 所示。

图 14-9　喷枪的调节

⑩ 按照产品的施工说明进行中涂底漆的喷涂。P565-510 高固含量厚膜底漆的施工工艺见表 14-2。

表 14-2　P565-510 高固含量厚膜底漆施工工艺

工艺	中涂工艺	喷灰工艺
	喷涂 2～3 层 涂膜厚度达到 80～120μm 注意：膜厚取决于喷嘴型号，如需达到最佳效果，请参照上述建议	喷涂 3～4 层 涂膜厚度达到 150～200μm 注意：膜厚取决于喷嘴型号，如需达到最佳效果，请参照上述建议
	涂层间闪干约 5min	涂层间闪干约 5～7min
	20℃时风干时间： 80～120μm　2h 150μm　3h 金属表面温度为 60℃时烘烤 20min	20℃时风干时间： 200μm　3～4h 金属表面温度为 60℃时烘烤 20min
	在红外线干燥前闪干 5min 灯与工件的距离：70～100cm 短波烘烤：8～12min	在红外线干燥前闪干 5min 灯与工件的距离：70～100cm 短波烘烤：8～12min

工艺	中涂工艺	喷灰工艺
	使用以下型号砂纸机器打磨： P400 或更细：纯色漆/单工序金属漆 P500 或更细：底色漆 注意：推荐在机器干磨前，使用手刨手工打磨底材，此步骤可以增强涂膜平整度，促进下一步机磨的效果，具体工序参照干磨施工流程图	
面漆	1565-510/511 底漆上可以直接喷涂 P420 系列 2K 纯色漆、P421 系列 K 单工序金属漆、P422K 底色漆和 B989 Aquabase Plus 底色漆 经打磨后的 P565-510/51 如果存放了超过两天，进一步喷涂面漆前需要重新打磨	

14.2 中涂底漆的喷涂

14.2.1 中涂底漆的喷涂方法

中涂底漆的喷涂一般采用三遍涂层的施工方法。

① 第一层喷涂：为了提高涂层的亲和力，避免产生不良反应，先将原子灰与旧涂层结合部位雾喷一层即可，如图 14-10 所示。

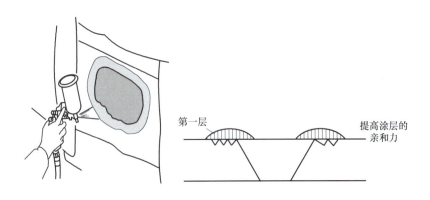

图 14-10 第一层喷涂

② 第二层喷涂：待第一层充分闪干，涂层没有出现不良反应之后，将整个原子灰及原子灰周围的区域薄喷一层，至半光泽状态即可，如图 14-11 所示。

③ 第三层喷涂：待第二层涂料充分闪干，涂层没有出现不良反应之后，扩大喷涂范围，将整个损伤区域正常湿喷一层，如图 14-12 所示。

三层喷涂完之后，一般情况下可以达到涂层所需要的厚度。如果检查之后感觉厚度不够或上面还有很多细小的针孔及划痕等，还可以在第三层的基础上再湿喷 1~2 层。确保整个

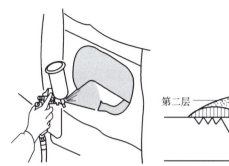
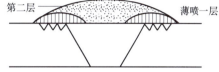

图 14-11　第二层喷涂

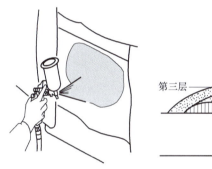
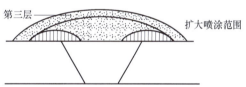

图 14-12　第三层喷涂

中涂底漆喷涂完之后，涂层饱满光滑、均匀平整，没有大的缺陷，边缘平滑，没有明显的台阶等，如图 14-13 所示。

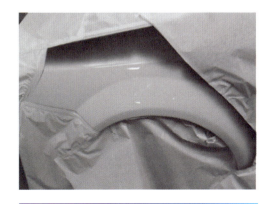

图 14-13　喷涂的最终效果

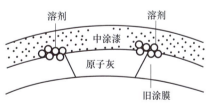
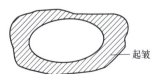

溶剂浸蚀旧涂膜，而原子灰部位已经硬化，故在原子灰边缘出现起皱

图 14-14　原子灰边缘起皱

14.2.2 中涂底漆的喷涂注意事项

① 中涂底漆一次不能喷涂得太厚。分几次喷涂表面看起来更花时间，但实际上，喷涂中涂漆时，边喷边用吹风机加快溶剂的挥发，比一次厚厚地喷涂干燥速度更快，作业效率也更高，其原因是，若漆膜过厚，溶剂会滞留在漆膜内难以挥发。如前所述，溶剂的挥发速度与二次方成反比。如果将分 3 次涂装的膜厚一次喷涂，则挥发速度反而大大减慢，导致打磨和修补无法进行，最终结果是作业速度下降。

如果一次喷涂过厚，使溶剂残留在漆膜内难以挥发，如图 14-14 所示，原子灰边缘的旧漆膜就会被浸润膨胀，在喷涂了面漆之后就会起皱，所以中涂底漆切忌一次喷涂得过厚。即便是所谓的厚涂型中涂底漆，也并不是指一次喷涂就很厚，而是分几次喷涂，最终形成的中涂底漆涂层较厚。

② 寒冷季节和雨天喷涂中涂底漆的注意事项。当气温低和湿度大的时候，应采用红外线灯管或热风加热器，将涂装面加热到 25℃ 左右，以除去湿气。加热干燥时，不能突然提高温度，而要渐渐加热，否则易产生大量的气孔。

14.3 中涂底漆的干燥及修整

14.3.1 中涂底漆干燥

① 待中涂底漆闪干 10~15min 后清除掉工件上的遮蔽纸及胶带。

图 14-15 烘烤中涂底漆

② 可采用自然干燥或低温烘烤干燥的办法，如图 14-15 所示。

在气温较低时或为了提高维修的效率，可采用红外线烤灯进行烘烤干燥，各类中涂底漆涂料的一般干燥时间见表 14-3。

③ 待中涂底漆完全干燥并冷却之后，检查涂层表面。

中涂底漆干燥后，应达到下列要求：

a. 涂层丰满，达到规定厚度。

b. 橘皮纹理均匀，能将所用缺陷部位完全遮盖、边缘过渡平顺、无明显凸台。

c. 无明显流挂产生，流挂高度不超过 1mm，长度不超过 10mm。

d. 无咬底、油点等涂膜缺陷。

e. 车身其他部位保护良好，无漆雾附着。

若涂层表面没有上述缺陷，则可以直接进入到打磨工序。

表 14-3　各类中涂底漆涂料的平均干燥时间表

中涂底漆涂料类型	自然干燥（20℃）	低温烘烤干燥（60℃）
硝基类中涂底漆	30min 以上	10～15min
聚氨酯类中涂底漆	6h 以上	20～30min
环氧类中涂底漆	6h 以上	30min

14.3.2　中涂底漆的修整

若涂层达不到上述要求，应视情况进行补喷。

① 如果涂层表面有针孔、轻微划痕等，则可使用单组分幼滑原子灰进行填补，如图 14-16 所示。

② 如果有较大的缺陷，幼滑原子灰不能填充起来的，则最好使用双组分原子灰进行填补，打磨平整后再次喷涂中涂底漆，如图 14-17 所示。

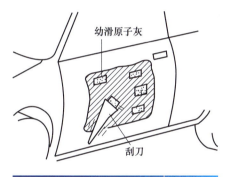

图 14-16　刮涂幼滑原子灰

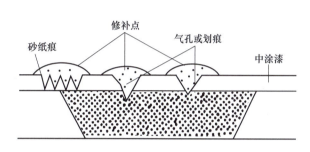

图 14-17　修补较大缺陷

14.4　中涂底漆层的打磨

由于中涂底漆一般有较好的封闭性，能防止水分子渗透，所以中涂底漆既可干磨，也可湿磨。

14.4.1　干磨

一般干磨中涂底漆的方法如下：

① 穿戴好工作服、护目镜、防尘口罩、线手套、安全鞋等劳保防护用品。

② 在中涂底漆上面涂上炭粉指示层，如图 14-18 所示。

③ 使用手工打磨块配合 P320 干磨砂纸将刮涂幼滑原子灰的地方打磨平整，如图 14-19 所示。

④ 涂抹炭粉指示层，使用手工打磨块配合 P360 干磨砂纸将中涂底漆不平整的地方打磨平整，如图 14-20 所示。

⑤ 涂抹炭粉涂指示层，使用 5mm 双作用打磨机配合 P400 干磨砂纸磨光中涂底漆，并同时将中涂底漆边缘磨薄，如图 14-21 所示。注意尽量不要磨穿中涂底漆，否则就达不到封闭及填充的效果。

图 14-18　涂抹指示层　　　　　　　　　图 14-19　打磨幼滑原子灰

图 14-20　手工打磨中涂底漆　　　　　　图 14-21　干磨机打磨中涂底漆

⑥ 使用 3mm 双作用打磨机配合 P400 或 P500 干磨砂纸打磨中涂底漆及其周围需要喷涂面漆的部位，如图 14-22 所示。

注意：若周围的旧涂层状况较好，一般只需要打磨到没有光泽、没有橘皮、平整光滑即可，尽量不要磨穿旧涂层，否则容易出现咬底、起皱等毛病。对于工件边缘或干磨机不好打磨的位置，应采用手工打磨的方法打磨彻底，如图 14-23 所示。

⑦ 用风枪及擦拭布清洁干净工件，如图 14-24 所示。

⑧ 检查需要喷涂面漆的部位。

a. 如果表面打磨彻底、光滑平整、纹理一致、没有露底等则可以进入下一道工序。

b. 如果表面有针孔及轻微划痕或细小缺陷，则需要重新刮涂幼滑原子灰并打磨，如图 14-25 所示。

图 14-22 干磨机打磨旧涂层

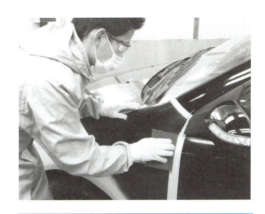

图 14-23 手工打磨旧涂层

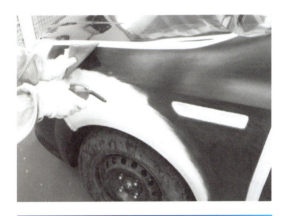

图 14-24 除尘和除油

图 14-25 补刮幼滑原子灰

c. 如果有较大面积的磨穿或露底，则需要重新喷涂中涂底漆。

d. 如果工件表面不平整，达不到平整度要求，则需要重新刮涂原子灰。

14.4.2 湿磨

湿磨一般采用 P320～P600 耐水砂纸。当面漆为金属闪光涂料时，可以用 P400 砂纸。若面漆为硝基涂料时，用 P600 砂纸。

一般湿磨涂底漆的方法如下：

① 穿戴好工作服、护目镜、橡胶手套、防水鞋等劳保防护用品。

② 在中涂底漆上面薄薄喷涂一层深色单组分的快干涂料当指示层。

③ 用海绵蘸水淋湿工件，同时使用手工打磨块配合 P400 水磨砂纸将幼滑原子灰打磨平整，如图 14-26 所示，对于砂纸不易打磨的部位可以使用菜瓜布进行打磨。

打磨结束后，对玻璃滑槽缝、门把手、玻璃四周等边

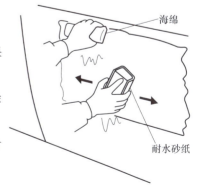

图 14-26 湿磨

缘部位，要用刷子沾上研磨膏进行打磨，清除残余的污物。也可以使用脱脂剂代替研磨膏，但不能省去此项作业，如图14-27所示。

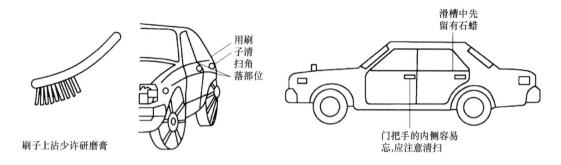

图14-27 边缘部位的清扫打磨

14.4.3 收尾工作

若采用的是湿打磨，就要用清水冲洗干净打磨部位，然后用红外线灯泡和热风加热器等将表面除湿干燥。

若采用的是干打磨，应用吸尘器将打磨粉尘彻底清除干净。

如果是局部补修涂装，周围的旧涂膜，要用粗颗粒的研磨膏进行研磨，以彻底清除污物和油分。

14.4.4 检查

① 打磨彻底，但是无打磨露底。对于整板喷涂，打磨露底范围要控制在20mm×20mm范围内，并且露底情况不明显。

② 打磨后表面光滑，无橘皮纹。

③ 所有需要喷涂的部位都要打磨到，不能有遗漏，尤其是窗口饰条、钣件边缘等部位更要打磨到。

第15章 面漆的调色与涂装

经过中涂底漆处理好的翼子板,准备进行面漆的涂装。在面漆涂装前,还需要根据汽车原来的颜色调配出合适的面漆。

15.1 面漆调色工具的准备

15.1.1 调漆机

调漆机又称油漆搅拌机,如图 15-1 所示,因为涂料中的树脂、溶剂及颜料的密度不同,经过一段时间就会分离,在使用以前需要充分混合,调漆机就是起搅拌作用的。同时利用配套的油漆搅拌器,如图 15-2 所示,可以方便地倾倒出油漆。

图 15-1 调漆机

图 15-2 油漆搅拌器

适当维护调漆设备对于正确调漆是至关重要的,调漆设备在平时使用时应做到:

① 调漆机安装时应放在平整、坚实的水平地面上,用螺栓固定好,防止搅拌时不稳,涂料罐掉下来。

② 涂料上调漆机之前,一定要先将其搅拌均匀再装上油漆搅拌器。

③ 油漆搅拌器在使用过程中应保持清洁无尘,及时清除浆盖出漆口处的涂料,否则浆

盖的出漆口关闭不严，溶剂蒸气放出，成为安全隐患。同时由于涂料中的溶剂挥发，色母逐渐浓缩，影响调色的准确性。浆盖出口附着干固的涂料会影响色母倾倒和滴加的可控制性，甚至还会掉进容器内，影响色母称量的精确性。

④ 放置调色机的房间要通风，避免阳光直射，温度要适中，一般为 10 ~ 30℃，最好保持在 20℃左右。

⑤ 色母上架后保持期一般不超过一年，时间太长质量下降，还会影响调色精确度。

15.1.2 颜色配方软件

目前一些规范的涂料公司都有自己完善的颜色配方软件，如图 15-3 所示，即电脑软件数据库中存有所有颜色配方，用户只需将颜色代码和分量输入电脑就可以直接查阅计算好的配方数据。

图 15-3 颜色配方软件

15.1.3 色卡

色卡是根据不同的颜色配方做出来的颜色卡片。通过色卡，可以直观反映出颜色的属性。现在色卡的分类方法一般采用两种方式：一种是按照色系来分的，如红色系、蓝色系、黄色系等，如图 15-4 所示；还有一种是按汽车厂商来分的，如大众、通用、丰田等，如图 15-5 所示。当汽车品牌不清，或颜色资料不全时可以选择按色系法进行查找。

15.1.4 色母挂图

色母挂图是表现色母特性的颜色资料，如图 15-6 所示，是为了让调色人员能直观地了解色母的特性，方便调色而制作的。

各个涂料公司的色母挂图的样式虽然各有不同，但一般包括以下方面：色母的属性、色母的正侧面色调、颗粒大小、在色相环中的位置、与白色母或银色母按一定比例混合原色等。

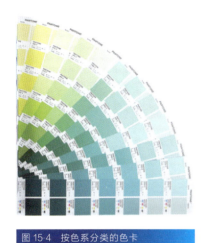

图 15-4 按色系分类的色卡

图 15-5 按汽车厂商分类的色卡

15.1.5 电子秤

电子秤是计量调色中用来称重涂料的，如图 15-7 所示。调色所用的电子秤精确度不小于 0.1g。

图 15-6 色母挂图

图 15-7 电子秤

15.1.6 颜色分色仪

颜色分色仪是一种可以进行电脑分色的电子仪器，如图 15-8 所示，它具有修正软件，可以手提，并可以结合智能磅使用。分色仪操作简单，用途广泛，对技术要求不很高，尤其是在车型和颜色资料不全、颜色色号未标在维修手册上时更能突出其优势。

15.1.7 配色灯箱

配色灯箱的主要作用是在光线不好的情况下调色时模拟一个自然光的环境，用于比色和调色，如图 15-9 所示。

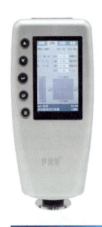

图 15-8 颜色分析仪

图 15-9 配色灯箱

在调色时，应采用自然光或人造日光。自然光指从日出 3h 以后到日落 3h 前的北方光线，此时光照均匀。人造日光指光谱能量接近自然光的人造光源，如 D65 光源。

15.1.8 烘箱

烘箱是一种强制烘干实验样板的烘干设备，在人工调色烘干样板时使用，如图 15-10 所示。

15.1.9 电脑调色工具

如图 15-11 所示为电脑调色工具，由调色电脑及专用电子秤等组成。

① 颜色光盘软件由涂料生产商提供，软件内包含所有本品牌涂料的颜色说明、调色配方以及国际代码、厂商代码、生产代码等颜色信息，并且会定期更新，以适应车身颜色变化的需求。

② 由电脑读取颜色软件内的数据。

图 15-10 烘箱

图 15-11 电脑调色工具

③ 通过操作界面，选择产品系列和油漆数量，指导调色。

④ 某些电脑调漆系统，将专用电子秤与电脑相连，这样在调漆时，一旦某一色母漆加多后，电脑则自动重新计算配比量，从而保证调演的精度，也可以单独称量。

15.1.10 其他工具及设备

其他还需要用到的工具如涂料罐、调漆尺、喷涂试板等，如图 5-12 所示。

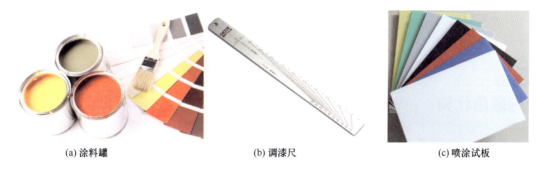

(a) 涂料罐　　　　　　　　(b) 调漆尺　　　　　　　　(c) 喷涂试板

图 15-12　其他调漆工具

15.2 主要材料的准备

15.2.1 色母

色母顾名思义就是各种颜色之母，用其可以调配出各种需要的颜色。涂料公司都有一套齐全的色母，用它可以调出市场上大多数的颜色。由于各个公司的涂料性质和色母颜色有所不同，所以不同品牌的色母或同一品牌不同型号的不宜掺和使用。汽车 4S 店或修理厂一旦选择了某一品牌的汽车修补涂料，不宜频繁更换，因为改换品牌，不但会浪费剩余的色母和涂料，而且还会损失自己多年积累的调色经验和资料。

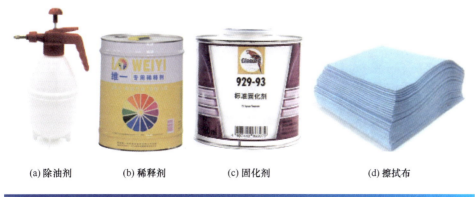

(a) 除油剂　　　　(b) 稀释剂　　　　(c) 固化剂　　　　(d) 擦拭布

图 15-13　其他材料

目前汽车修补涂料主要采取两种方法设计色母系统：一种方法是把色母分为两个系列，一个系列是单工序面漆用的双组分色母，另一个系列是双工序和三工序面漆用的单组分色母；另一种方法是只使用一套色母，调色后在色母中加入树脂，由加入的树脂类型决定面漆是单组分的还是双组分的（三工序与双工序一般使用同一套色母）。

15.2.2 其他材料

其他还需要使用到的材料包括除油剂、稀释剂、固化剂及擦拭布等，如图15-13所示。

15.3 查询颜色代码

由于汽车颜色种类繁多，每个汽车生产厂家在制造汽车过程中都会对汽车车身的颜色用数字、字母或其组合进行区分标记，这种表示颜色信息的符号即颜色代码。调色先获得颜色代码，才能快速查询到颜色的配方。查询颜色代码的一般方法有以下三种。

15.3.1 查询车辆维修手册

对于部分车型，可以通过原厂提供的涂装资料，来确定涂层代码（包括涂料的品种、涂层层次关系），确定相配套的修补所需涂料及涂装工艺等。

从车辆维修手册上找到色卡，根据色卡找到背面的色号及配方，例如，查找"华晨宝马"油漆代码，如图15-14所示。

(a) 色卡

(b) 色卡背面的色号

B M W			
汽车厂商	宝马汽车	颜色名称	矿石白
原厂型号	A96	车重	3系
编号	色母代号	净重(g)	常积(g)
1	WT387	578.4	578.4
2	WT321	390.4	968.8
3	WT328	8.0	976.8
4	WT323	11.2	988.0
5	WT351	0.8	988.8
珍珠			
1	WT387	403.3	403.3
2	WT385	403.5	806.8
3	WT368	111.4	918.1
4	WT386	96.3	1014.5
5	WT372	7.3	1021.8

(c) 色卡背面的配方

图15-14 查找色卡色号及配方

15.3.2 查询汽车铭牌

通过查找汽车上的信息铭牌，找到颜色代码。

（1）查找铭牌

不同型号的汽车，颜色代码铭牌所在位置有所不同，如图 15-15 所示和表 15-1 所示。

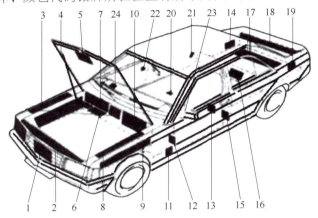

图 15-15 常见汽车颜色代码铭牌所在位置

表 15-1 常见汽车颜色代码铭牌位置表

车厂车牌	对应中文	颜色代码铭牌位置	车厂车牌	对应中文	颜色代码铭牌位置
Alfa Romeo	阿尔法·罗密欧	5,7,8,18,19	Lotus	莲花	3,9,10
Dacia	达西亚	7,10,19	Mazda	马自达	2,3,5,7,10,15,21
BMW	宝马	3,4,8	Mercedes Benz	奔驰	2,3,8,10,12
Chrysler	克莱斯勒	4,7	Mitsubishi	三菱	2,3,7,8
Citroen	雪铁龙	3,4,7,8,10	Nissan	尼桑	2,4,5,7,8,10,15
Daewoo	大宇	2	Opel	欧宝	2,3,4,7,8,10,19
Daihatsu	大发	1,2,7,10	Peugeot	标志	2,3,4,7,8,9
Ferrari	法拉利	2,5,8,14,18,19	Porsche	保时捷	5,7,10,12,14,15
Fiat	菲亚特	2,3,4,5,10,18,19	Renault	雷诺	3,4,5,7,8,10,19
Lancia	蓝旗亚	2,4,5,7,10,12,18	Rolls Royce	劳斯莱斯	8
Ford	福特	2,3,7,8,10,15,22	Saab	萨博	4,8,10,16,17,20
GM	通用	19	Seat	喜悦	8,10,17,18
Honda	本田	3,10,15,18	Skoda	斯柯达	8,10,17
Hyundai	现代	7	Ssangyong	双龙	6
Isuzu	五十铃	2,7,10,13,15	Subaru	斯巴鲁	1,2,3,8,10
Jaguar	美洲豹	2,5,12,13,15,22	Suzuki	铃木	3,4,7,8,10,21
Kia	起亚	10	Toyota	丰田	3,4,7,10,19
Lada	拉达	4,5,17,18	Volkswagen	大众	1,2,11
Land Rover	路虎	2	Audi	奥迪	14,17,18,19
Lexus	雷克萨斯	10	Volvo	沃尔沃	2,3,4,6,7,10

（2）查找铭牌上的颜色代码

不同品牌的汽车，颜色代码的表示方法各有不同，如图 15-16 中圆圈所示为丰田汽车的颜色代码，图 15-17 中圆圈所示为大众汽车的颜色代码，图 15-18 中圆圈所示为宝马汽车的颜色代码，图 15-19 中圆圈所示为本田汽车的颜色代码。

图 15-16　丰田汽车铭牌上的颜色代码

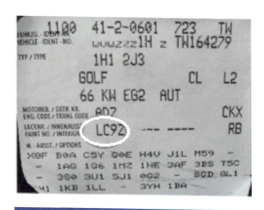

图 15-17　大众汽车铭牌上的颜色代码

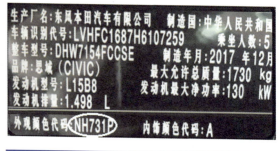

图 15-18　华晨宝马铭牌上的颜色代码　　　图 15-19　本田思域铭牌上的颜色代码

图 15-20　色卡对比　　　图 15-21　色卡上的颜色代码

（3）查询色卡

当找不到颜色代码铭牌或车身颜色与代码颜色不符时，可以直接利用色卡与车身表面的颜色进行对比，找出颜色最接近的色卡，如图15-20所示，再查看色卡上的颜色代码，如图15-21所示。

15.4 查询颜色配方

一般大型汽车涂料生产厂商在每出来一种新车颜色时，会立即实验出该颜色的配方，以供汽车涂料调色使用。通过涂料厂商提供的各种颜色工具，就可以快速地获得相应的颜色配方。查询颜色配方的一般方法有以下三种。

15.4.1 利用色卡获得颜色配方

有的涂料厂家会将一些常用的颜色配方直接印在色卡背面，如图15-18所示，这样可以更方便、快捷地获得颜色配方。但是受制于色卡大小的原因，一般能提供的信息量不是很大，如一般只提供1L的配方量，需要其他量的时候要先计算好再来调配。

15.4.2 利用配方软件获得颜色配方

利用配方软件获得颜色配方的方法由于更新方便、查找迅速、信息量大等特点，目前使用较多。

下面以宝马品牌的颜色配方软件为例，介绍利用软件获得颜色配方的方法：

① 运行程序，打开颜色配方软件界面，如图15-22所示。

图15-22 颜色配方软件界面

② 选择操作系统——SERIE480，制造商——宝马，并输入颜色代码——A96等信息，如图15-23所示，然后单击"确定"，弹出"车型、配方开发地、生产日期"界面，如图15-24所示。

③ 然后根据铭牌上的颜色代码的生产日期进行选择，点击确认，弹出1L"颜色配方"界面，如图15-25所示。

图 15-23　输入颜色代码

图 15-24　车型生产日期界面

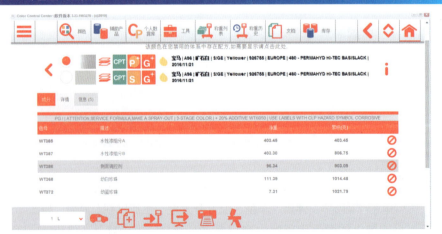

图 15-25　颜色配方界面

④ 点击左下角"  ",如图 15-26 所示,进入"喷涂用量建议"界面,如图 15-27 所示。

图 15-26 点击如图所示的图标

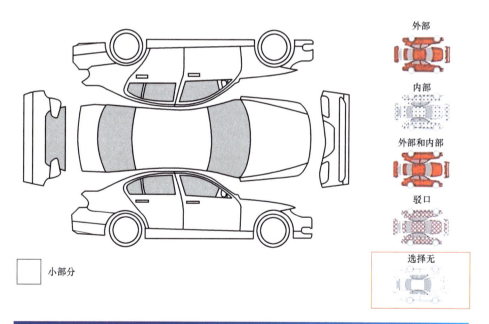

图 15-27 喷涂用量建议界面

⑤ 根据车辆结构图,点击需要喷涂的部位,比如,对前车门进行喷涂,如图 15-28 所示,即可获取该门板的颜色配方,如图 15-29 所示。

15.4.3 计量调色

获得颜色配方之后,就可以按照需要的量依次称重计量色母,具体步骤如下:

喷涂用量建议

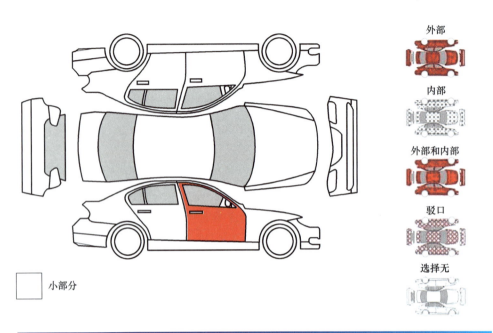

图 15-28 点击需喷涂的部位

图 15-29 前车门板的颜色配方

① 穿戴好合适的劳保防护用品。

② 先根据配方确认色母的品种及数量是否足够，再将调漆机打开进行充分搅拌，保证所有色母搅拌均匀。

③ 将电子秤放平放稳，然后打开电源开关进行预热。

④ 准备好盛放涂料的容器并放置在电子秤上，同时将电子秤清零。

⑤ 按配方所示的量，依次加入色母，完成计量调色，如图 15-30 所示。

在添加色母时，最好首先倾斜漆罐，然后逐渐拉操纵杆，让色母慢慢倒出。如果先拉操纵杆，那么当漆罐倾斜时，可能有大量色母立即倒出。为了在倾斜末尾进行精细调整，必须小心操作操纵杆，以控制色母流量，如图 15-31 所示。

计量添加色母时应注意以下几点：

a. 有把握时可以一次调够数量，没有把握时应先根据配方调出小样。

b. 对某个色母数量没有完全把握，可以先少加点，即遵循"宁少勿多"的原则。

c. 应该把电子秤放在稳定的桌面上，以减少因为振动引起的误差。

图 15-30　计量调色

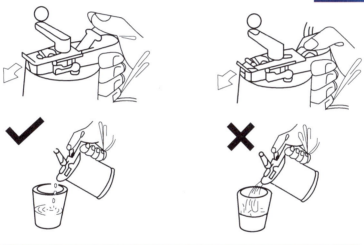

图 15-31　倾倒色母正确和错误方式

d. 尽量减少空气对流，如风、人员走动、门窗开关等，以防止对电子秤的准确性造成影响。

e. 注意电子秤精度的影响。现在修补涂装用的电子秤精度都是 0.1g，第二位小数部分看不到，需要操作者在心里估算。电子秤不具备四舍五入的功能，如 0.16g，电子秤显示为 0.1g，所以实际的质量一般比显示的质量大。因此，在理论上要准确调配一个配方，每个色母的最小加入量应该在 0.5g 以上，当配方量放大到 1L 的配方时，颜色也是准确的。

f. 注意使用累积量和单量的区别。很多调漆人员有每次加完色母后未将电子秤归零的习惯。这样，每次的误差不断积累起来，后面所加的色母会偏少。例如，涂料的质量为 7.18g，显示为 7.1g，这时只要滴加一滴色母，电子秤立即显示为 7.2g。这种差量虽然不大，但在加少量对颜色影响较大的色母时，误差就会很大。

15.4.4　比对颜色

按照配方调配出来的颜色不一定跟需要的颜色完全匹配，所以在喷涂之前需要进行颜色的分析比对。比对颜色的一般程序如下：

① 将计量调色调好的油漆搅拌均匀。

② 将油漆施涂在试板上。如果是纯色漆建议采用试杆施涂法将涂料用试杆涂抹在试板上，如图 15-32 所示，如果是金属漆或珍珠漆应该采用喷涂试板的方法将涂料喷涂在试板上，如图 15-33 所示。

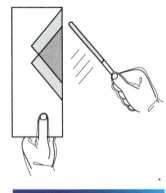

图 15-32 试杆施涂

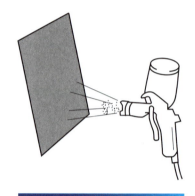

图 15-33 试板喷涂

注意：如果施涂试板的面积太小，将影响对颜色的判断，所以一般要求试杆施涂的最小尺寸为 30mm×30mm，喷涂的试板最小面积为 100mm×150mm。

不管是试杆施涂还是喷涂，都要保证涂膜均匀、遮盖住底材，能充分反映实质的颜色。

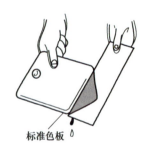

图 15-34 颜色对比

③ 经过一段时间静置后，将试板置入烘箱中烤干。如果在施涂后直接将试板放入烘箱中烘烤，会导致涂料表面产生小孔，影响颜色的判断，所以一般需静置 5~10min 再进烘烤。

④ 将颜色试板放在标准色板旁边进行分析对比，如图 15-34 所示。

在进行颜色对比时要注意以下几点：

a. 放置时将试板和标准颜色板或工件放在同一平面，采用同时对比的方法进行比较。

b. 标准色板比色的部位应该光泽度高，颜色准确。如果表面已氧化或有细微缺陷，应先用抛光剂处理好之后，再行比较。

c. 最好选择以标准光源制成的配色灯，使用配色灯箱，以自然光或接近日光光源进行比色。

d. 注意不要受周围环境色的影响。

e. 比较时为了能准确判断颜色，至少要从三个不同的角度观察，如图 15-35 所示，即直接观察、间接观察、正面观察。

f. 观察时视距的远近要随物体的大小而改变。一般在观察车身时站在 3~5m 处，观察小试板时距离 1m 左右。

⑤ 根据颜色的三个属性，分别从明度、色调和彩度三个方面进行比较，并把比较结果标注在颜色标绘图中。

如果试板颜色与标准板颜色比较接近，能通过喷涂技巧或过渡的方法来达到颜色基本一致的，则可以直接使用，如图 15-36 所示，如果颜色差异较大，则还需要对颜色进行微调才能使用，两颜色完全一致的情况几乎是不可能的。

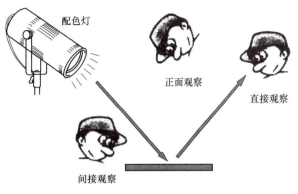

图 15-35　色板的观察角度

图 15-36　颜色的比对

15.4.5　微调颜色

如果颜色的比对结果表明，所调颜色与汽车的颜色不一样，则必须鉴定出应添加哪一种色母，继而添加该色母以获得理想结果，这个过程称为"精细配色"或"人工微调"。这是一个比较和添加涂料的循环，此循环一而再、再而三地重复，直至获得理想的汽车颜色。

将选择好的色母计量加入配色涂料，并用搅拌棒颜色比较，利用试杆施涂法，使新涂层部分重叠于以前的涂层上，这样可以显示出变化的程度或者添加色母的效果。如果还没有获得理想的颜色，再一点儿一点儿地添加选择的色母，然后进行涂料和颜色比较。在用该种色母进行精细配色完成后，再找出涂料所缺的另一种颜色。确定涂料颜色调配的接近程度，是一项困难而重要的决定。虽然涂料的颜色越接近汽车的颜色越好，但是在实践中有一个点，达到此点便可认为颜色已经够接近了。最好能用比色计，用数字表示颜色相差的程度，如果没有比色计，那么就必须靠双眼，让尽可能多的人来帮助进行鉴定，最后得出结论。

如果在刚开始微调时不确定到底缺少哪个颜色，不知道从颜色的哪个属性调起，也可以按以下的方法进行微调练习：

① 按配方中色母的数量准备量杯，并将每个量杯里面加入等量的涂料，如图 15-37 所示。

② 往每个量杯中都添加少量的配方中的各色色母，记录所加的量，然后彻底混合，如图 15-38 所示。

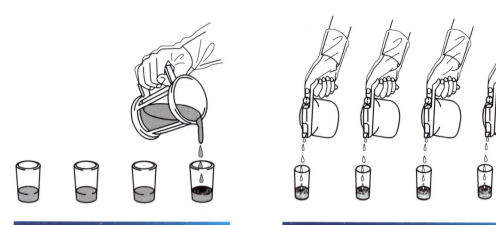

图 15-37 倒入等量的涂料　　图 15-38 倒入各色色母

③ 使用试杆施涂法，将各个量杯中混合后的涂料施涂到测试板上，并与标准色板进行对比，找出最接近的色板，如图 15-39 所示。

④ 按最接近的色板所添加的色母种类再少量添加，记录所添加的量，并用试杆重叠施涂，如图 15-40 所示，然后与标准色板进行对比。

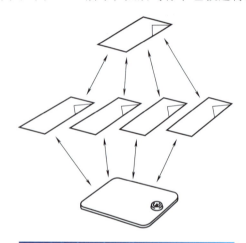

图 15-39 找出最接近的色板

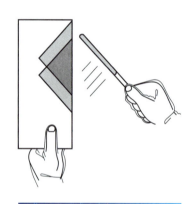

图 15-40 重叠施涂

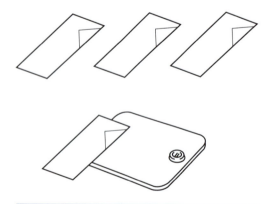

图 15-41 找出最接近的色板

图 15-42 喷涂试板

⑤ 重复步骤④的操作，直至确定颜色基本一致为止，如图15-41所示。

⑥ 喷涂试板，确定最终的颜色是否一致，如图15-42所示。

⑦ 累加色母的添加量，计算所占小杯涂料的百分比，再将大杯涂料按此百分比调配好。

15.5 面漆调配前准备及清洁

经过前期漆前处理、底漆施工、原子灰施工、中涂底漆施工等处理后的翼子板，其表面已经恢复了原来的平整度，如图15-43所示，要根据汽车涂装的要求进行规范的面漆施工，其施工后的效果如图15-44所示。

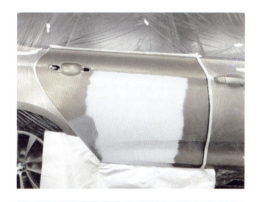

图15-43 面漆涂装前的效果

图15-44 面漆涂装后的效果

15.5.1 工具设备和材料的准备

（1）主要工具设备的准备

面漆涂装主要用到的工具设备有喷漆房、空气压缩机及空气分配管道、油水过滤器、喷枪、喷涂支架、调漆比例尺、风枪、毛刷等。

（2）主要材料的准备

面漆涂装主要用到的材料有：单工序面漆及配套固化剂、稀释剂；双工序底色漆、罩光清漆及配套固化剂、稀释剂；过滤网、粘尘布、擦拭布、除油剂等。

15.5.2 面漆喷涂前的清洁

喷涂前的清洁工作将会直接影响喷涂后的涂膜质量，所以在正式进行喷涂前必须做好以下三个方面的清洁工作。

（1）喷漆房的清洁

① 检查喷漆房的换气系统、照明装置是否正常工作。换气系统不正常将会影响正常的抽排风，影响最终的涂膜质量。光线不足不仅会影响喷涂操作，还会影响颜色的比较。

② 检查喷漆房的密封性是否良好。喷漆房在长期使用时容易导致房门边的密封条老化

和破损,如果不及时更换处理,会导致灰尘进入,污染喷漆房。同时在喷漆时,漆雾也从缝隙吹出,污染周围环境。

③ 检查喷漆房的过滤系统是否干净。如果过滤棉较脏,就会在喷涂时产生灰尘,同时也会对过滤棉产生堵塞作用,影响正常的进气、换气及排气工作,从而对喷涂产生不良的影响。

④ 检查喷漆房内墙体及地面是否干净。如果里面灰尘较多,最好是用吸尘器清洁。

(2) 工件的清洁

① 用干净的湿毛巾将翼子板内外擦拭干净。如果翼子板表面较脏或油脂较多,建议用兑过清洁剂的水先擦洗干净。

② 用压缩空气将翼子板从内至外多吹几遍,吹干表面的水分,同时除去表面的浮尘。

③ 用粘贴胶带和遮蔽纸将工件上不需要喷涂的部位保护起来,如图 15-45 所示。

④ 穿戴好合适的劳保防护用品,用除油剂对需要喷涂的表面进行彻底除油,如图 15-46 所示。因为是喷涂面漆前的最后一次除油,所以必须对整个需要喷涂的表面,包括缝隙、边角、夹层等进行彻底除油,一般建议除油 1~2 遍。如果除油不彻底,最后都会反映到面漆涂层上,造成涂膜缺陷,严重的会导致整个涂层的返工。

图 15-45 翼子板的贴护

图 15-46 翼子板的除油

⑤ 使用粘尘布对整个需要喷涂的表面进行粘尘处理。

注意:为了保证喷漆房的清洁和涂装质量,前面第①、②、③步工序要在喷漆房外进行,第④、⑤步工序要在喷漆房内进行。

(3) 施工人员的清洁

① 更换专门的喷漆服。因为平常穿的工作服上灰尘较大,而且由于静电原因很难清除干净,所以喷涂时最好换用专门用于喷涂工作时的防静电喷漆服。

② 用压缩空气将自己从头至尾的吹一遍,以除去身上的浮尘。

15.6 单工序面漆的调配及喷涂

现在常用的汽车修补面漆按照施工工艺一般有单工序和双工序两种做法,两种做法里面使用的是不同类型的涂料，它们的调配方法是不一样的。

15.6.1 单工序面漆调配

单工序面漆是指喷涂同一种涂料即形成完整的面漆层的喷涂系统。采用单工序做法的一般是纯色漆，它可以简化涂装工艺，降低成本。

现在采用单工序做法的面漆一般使用的是双组分型涂料，如双组分的丙烯酸聚氨酯涂料，它的调配方法如下：

① 穿戴好喷漆专用服、护目镜、供气式面罩、橡胶手套、安全鞋等劳保防护用品，如图15-47所示。

② 用搅拌尺将之前调好颜色的涂料搅拌均匀。

③ 按照喷涂的面积所需要的量，将涂料倒入合适的容器或量杯当中。

④ 查看产品技术说明，按照厂家所给的比例添加适量的固化剂、稀释剂，如图15-48所示。

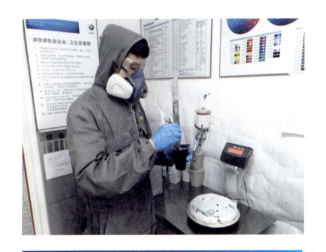

图15-47 调面漆时的防护

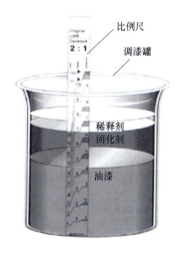

图15-48 涂料的比例

表15-2所示是本次使用的某品牌涂料单工序纯色漆的产品技术说明，通过这个表可以看出，单工序双组分纯色漆的调配比例及施工时的各项参数。

表15-2 单工序双组分纯色漆系统使用说明

单工序纯色漆系统施工工艺		
固化剂	可选用的固化剂型号：P20-938(标准)/939(慢干)	
(图示 1:1)	P420-单工序纯色漆系统 P210-938/939 固化剂 P850-2K 稀释剂	2份 1份 5%～15%
(图示 S)	20℃时：DIN4 杯 18～19s BSB4 杯 23～25s 混合后使用寿命：3h	

续表

	单工序纯色漆系统施工工艺	
固化剂	可选用的固化剂型号：P20-938（标准）/939（慢干）	
	传统喷枪喷嘴口径： 重力式喷枪，1.3～1.6mm　　吸上式喷枪，1.4～1.8mm 喷涂压力，330～370kPa（50～55psi）	
HVLP	环保喷枪喷嘴口径： 重力式喷枪，1.3～1.6mm　　吸上式喷枪，1.4～1.6mm 喷涂压力，70kPa/10psi（风帽）	
	2个单层	
	涂层间闪干约5min，烘烤前无须闪干	
	烘烤时金属温度： 70℃　　20min 60℃　　30min 完全冷却后可投入使用	20℃时风干时间： 不粘尘　　15min 指触干　　6h 可投入使用　　16h

⑤ 用搅拌尺对添加好的涂料进行彻底搅拌。

混合均匀后的双组分涂料有一个可以使用的最长时间，在这个时间里面使用可以保证涂料的各项性能，超出这个时间可能会出现涂料变质及涂膜性能下降，这个最长的可以使用时间称为活化期。比如："混合后使用寿命：3h"表示此产品混合后要在3h内施工完毕，超过3h，就算涂料没有固化，也不能再使用。

⑥ 根据涂料特点和产品技术说明，选择合适口径的面漆喷枪。

为了节约涂料，可以选用环保喷枪；小面积修补或单件喷涂可以选用重力式喷枪；大面积喷涂可以选用吸上式喷枪。

⑦ 用过滤网将调配好的涂料过滤到喷枪里。

如果需要检测及调整黏度还应在过滤之前做好涂料的黏度调整工作。一般严格按照配方调配的涂料，其黏度可以达到最好的喷涂效果。

15.6.2　单工序面漆的喷涂

面漆的喷涂根据涂料的特点、喷涂面积大小等因素，喷涂方法各有不同，一般的面漆喷涂方法建议如下：

① 穿戴好喷漆专用服、护目镜、供气式面罩、橡胶手套、安全鞋等劳保防护用品。
② 连接进气管，并调整好喷枪。
③ 在喷涂试板上做雾形测试，调整喷枪，确保喷枪雾形及雾化达到最好效果。
④ 喷涂面漆。

单工序面漆的喷涂层数可以根据面漆的固体含量、遮盖力等有所不同，下面以最常见的三层做法为例说明面漆的喷涂方法。

① 第一层雾喷涂。将工件表面从上往下薄薄地雾喷一层。此次喷涂一定不能过厚，只要达到均匀的薄薄一层，有轻微的光泽即可，如图15-49所示。

② 第二层湿喷涂，如图15-50所示。将工件按照先内后外，先边后面，先上后下的顺序正常湿喷涂1遍，车身各部件一般的喷涂顺序和底漆喷涂的顺序相同，如图15-51所示。

图15-49 第一层雾喷涂

图15-50 第二层湿喷涂

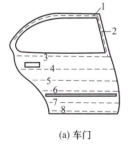
(a) 车门

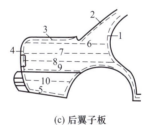
(b) 前翼子板

(c) 后翼子板

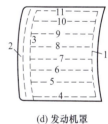
(d) 发动机罩

图15-51 车身主要部件的喷涂顺序

③ 第三层湿喷涂。按照第二层的喷涂顺序及喷涂方法正常湿喷涂一层，如图15-52所示。此层喷涂的目的是要达到最终的面漆装饰效果，如涂膜厚度均匀丰满，纹理平整光滑，颜色光泽度高、无流痕、无明显缺陷等。

为了达到雾化更细腻光滑的效果，在喷涂之前可以适当地将涂料黏度调稀一点，将喷涂压力调高一点。最后一层喷涂完后应该马上检查整个图面的效果，如果存在橘皮较

图15-52 第三层湿喷涂

重、涂膜不均匀或漏喷等现象，还可以马上进行回喷补救。

15.7 双工序面漆的调配及喷涂

15.7.1 双工序面漆调配

双工序涂层是由底色漆层和罩光清漆层所组成的，双工序涂料的调配包含底色漆调和罩光清漆的调配两个方面。

（1）底色漆的调配

① 穿戴好喷漆专用服、护目镜、供气式面罩、橡胶手套、安全鞋等劳保用品。

② 将之前调好颜色的涂料用搅拌尺搅拌均匀。

③ 按照喷涂的面积所需要的量，将涂料倒入合适的容器或量杯当中。

④ 按照具体产品的比例添加合适量的稀释剂。

双工序涂层中的底色漆使用的是单组分产品，在施工时直接添加合适量的稀释剂整好黏度就可以了。不同品牌及同一品牌不同型号的涂料添加的稀释剂比例有所不同。在施工时要查看具体产品的技术说明。同时在选择稀释剂时要根据施工温度及面积选择合适型号的产品。

⑤ 用搅拌尺对添加好的涂料进行彻底搅拌。

⑥ 根据涂料特点和产品技术说明，选择合适口径的面漆喷枪。

⑦ 用过滤网将调配好的涂料过滤到喷枪里。

（2）罩光清漆的调配

采用双工序面漆是指喷涂两种不同的涂料才能形成完整的面涂层的喷涂系统。通常是先喷涂色漆，然后再喷涂罩光清漆，两种涂层结合在一起才能形成有质量保证的完整面漆层。可以采用双工序做法的有纯色漆、金属漆及遮盖力较好的珍珠漆，通过罩光清漆可以增强颜色效果，提高光泽。

罩光清漆一般使用的也是双组分丙烯酸聚氨酯类型的涂料，所以，它的调配方法和单工序双组分涂料的调配方法基本相同。

在调配时，需要注意每种产品都有配套的固化剂及稀释剂，在不确定的情况下，最好不要混用。固化剂与稀释剂要根据施工工艺、施工温度及具体条件来选用。

15.7.2 双工序面漆的喷涂

双工序面漆在喷涂时分为两个部分：一是底色漆的施工；二是罩光清漆的施工。

（1）底色漆的喷涂

① 穿戴好合适的劳保防护用品。

② 连接进气管，并调整好喷枪。

③ 在喷涂试板上做雾形测试，调整喷枪，确保喷枪雾形及雾化达到最好效果。

④ 喷涂底色漆。底色面漆的喷涂层数也是根据颜色的遮盖能力有所不同，下面以最常见的三层做法为例说明底色面漆的一般喷涂方法。

第一层雾喷涂：如图 15-53 所示，此层雾喷涂可以先将工件上面有中涂底漆的地方面漆磨穿的地方、颜色与面漆颜色不一致的地方先薄薄地雾喷一次，防止咬底及提高色漆的遮盖力。确定涂层没有问题后，同时涂层没有光泽之后就可喷涂下一层。对于底材比较好的工件，如固化较好的旧涂层、整块喷涂过中涂底漆的表面，也可以不用雾喷，直接进入下步的湿喷涂工作中。

第二层中湿喷涂：如图 15-54 所示，按照合适的顺序将工件正常均匀的中湿程度喷涂一遍，喷完后要求涂层有一定的湿润性，但是也不能太厚，因为底色漆里面的溶剂含量较多，太厚涂料容易流淌，形成色差及流挂；如果太薄的话，涂层表面容易变粗糙，影响色漆纹理及颜色效果。

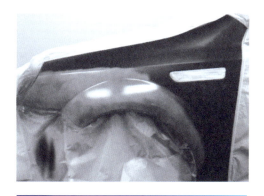

图 15-53 第一层雾喷涂

图 15-54 第二层湿喷涂

第二层喷涂完之后，也要静置合适的时间，待涂膜表面没有光泽之后再检查涂膜的遮盖效果，如果没有盖住底材，应该按照第二层的方法再将工件整个喷涂 1~2 遍，直至彻底盖住底层为止。

第三层干喷涂：按照适当的顺序再将工件均匀地干喷涂一遍，此层喷涂的目的主要是消除斑纹，所以要保证涂层干燥之后形成颜色、纹理一致的效果。第三层也就是最后一层喷涂完成后，等涂层表面完全失光即完成底色漆的喷涂。

（2）罩光清漆的喷涂

罩光清漆是喷涂在最后一层的面漆，主要用于保护底色漆、银粉漆、珍珠漆等，可以提高涂膜光泽度，使车体显出饱满、艳丽的色泽。罩光清漆与单工序面漆两者的喷涂方法基本相同，它的一般喷涂方法如下：

① 调整好喷枪，确保雾化效果及雾形最好。

② 用粘尘布轻轻擦拭底色漆，除掉浮在表面的漆尘。

③ 按照合适的顺序、湿喷涂的方法喷涂第一层清漆层。

④ 静置合适的时间，待表面不黏手之后适当调高喷涂压力湿喷涂第二层清漆。

清漆一般喷涂两层即可，喷涂完成后要求涂膜厚度均匀丰满，纹理平整光滑，颜色一致，光泽度高，无流痕，无明显缺陷等。

15.8 局部修补涂装

汽车局部修补涂装是指对车身某一部件的修补涂装。该喷涂方法一般通过驳口，使新喷涂层的颜色、光泽、纹理等形成过渡，让新旧涂层外观基本一致，没有明显差异。汽车局部修补涂装前的清洁除油、前处理、底漆的施工、原子灰的施工、中涂底漆的施工等工序与一般工件的处理步骤基本相同，主要差异体现在面漆喷涂前的打磨及面漆喷涂上。下面以翼子板前端局部修补喷涂为例，介绍一般局部修补涂装的方法。

15.8.1 面漆喷涂前的打磨及贴护

（1）打磨过渡区域

中涂底漆打磨好之后，将翼子板用喷水壶喷湿，用相当于 P1500 砂纸粗细的菜瓜布配合驳口研磨膏，按图 15-55 所示范围均匀打磨中涂底漆周围的过渡区域的旧涂层，直至没有光泽为止，如图 15-56 所示。

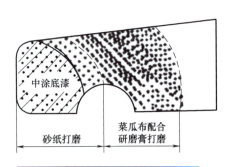

图 15-55 打磨范围

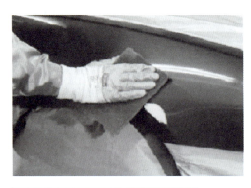

图 15-56 打磨过渡区域

（2）清洁工件

打磨完成，检查没有问题之后，用清水将翼子板表面清洗干净，并吹干。

（3）贴护除油

用遮蔽纸和遮蔽胶带将翼子板周围的工件贴护好，贴护范围及方法如图 15-57 所示。贴护完成后再次对翼子板进行彻底清洁除油。

15.8.2 单工序面漆的局部修补涂装

根据涂装涂料的类型不同，面漆的局部修补涂装方法可以分为单工序面漆的局部修补涂装、双工序面漆的局部修补涂装和三工序面漆的局部修补涂装。

图 15-57 翼子板的贴护

单工序面漆涂装工序简单，喷涂次数较少，所以局部修补涂装的工艺也较简单，它是学习局部修补涂装方法的基础。

① 根据修补面积的大小，确定需要的涂料分量。在本例中由于修补面积不大，只需要很少的涂料即可，但是涂料太少，会影响调色的准确性，所以调色时一般最少要调配 0.1L 的量，具体每个颜色配方的最小调配量，应参照涂料厂商配方查询系统中的要求。

② 按照面漆调色中的相关方法，找出颜色最接近的涂料配方，计算出 0.1L 中各个色母的质量，在电子秤上进行计量调色。

③ 将计量调色好的涂料与车身颜色进行对比，如图 15-58 所示。如果需要微调的，应进行微调，并喷涂试板进行比较，如图 15-59 所示。由于局部修补能很好地使颜色产生过渡效果，所以当颜色有稍微差异时可以通过喷涂的方法使新旧涂层的颜色看不出来，但是这并不表示在调色时对颜色的准确性无所谓，还应该尽量调得接近一些。

④ 颜色调配好之后，根据涂料的产品说明选择合适型号的固化剂及稀释剂。固化剂和稀释剂的选择要根据环境温度来决定，但是由于喷涂面积较小，为了能干燥快一点，所以可以适当选择快干一点的产品。

图 15-58　颜色对比

图 15-59　试板对比

⑤ 按照产品的说明添加适量的固化剂及稀释剂，并混合均匀。

⑥ 选择专门用于涂料修补的小修补喷枪，将涂料过滤到喷枪里面。

小修补喷枪由于所用气压较小，能将涂料雾化控制在一个很小的范围，所以在局部修补涂装时比普通喷枪、特别是传统高气压喷枪能更好地控制修补涂装的面积。

⑦ 调整好喷枪，进行面漆喷涂。单工序纯色面漆的一般喷涂方法如下。

a. 先中等湿度喷涂第一层面漆，喷涂范围比中涂底漆区域略大，如图 15-60 所示。在中涂底漆边缘部位采用弧形手法进行过渡，使靠近边缘的面漆比里面的涂层要薄。

b. 然后按正常厚度喷涂第二层面漆，盖住底层，保证颜色均匀一致，喷涂范围比第一层面漆稍大，边缘部位同样采用弧形手法进行过渡。

c. 再用驳口溶剂按 1∶1 的比例与喷枪里面的涂料进行混合（混合比例要参考具体产品的说明），然后采用弧形喷涂手法，在第二层面漆上面再湿喷一层，形成最终的纹理、颜色及过渡效果。第三层喷涂的面积也应该比第二层稍大，但范围不允许超出驳口准备区。

d. 清洗喷枪，用纯驳口溶剂在第三层面漆的边缘轻喷 1～2 层，如图 15-61 所示。

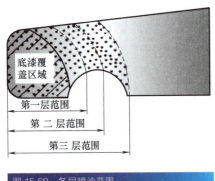

图 15-60 各层喷涂范围　　图 15-61 驳口过渡范围

这可以用来溶解边缘较粗的涂料颗粒。因为纯驳口溶剂黏度比较稀，喷涂时不宜过厚，否则容易出现流挂。

15.8.3 双工序面漆的局部修补涂装

由于双工序面漆有两个涂层，金属漆的颜色效果又与很多因素有关，所以双工序面漆的局部修补涂装要比单工序面漆的局部修补涂装难得多。但现在的汽车大部分采用的是双工序的金属漆，所以双工序面漆的局部修补涂装工艺是一个合格的涂装工必须掌握的技能。双工序金属面漆的一般局部修补涂装方法如下：

(1) 调配颜色

根据修补面积的大小，确定底色漆的用量，采用计量调色和人工微调的方法将颜色调配准确。

(2) 调配涂料

根据涂料的产品说明，选择合适的固化剂、稀释剂类型，确定混合比，调出底色漆及清漆。

(3) 调整喷枪

将底色漆过滤到喷枪之后，调整喷枪的出漆量、扇幅宽度、喷涂气压等参数。一般喷涂色漆时用的气压比单工序面漆和清漆喷涂的气压要略低。

(4) 喷涂已调配好的金属（银粉）底色漆

① 喷涂第一层底色漆。第一层底色漆喷涂面积比中涂底漆稍宽，涂层边缘采用弧形喷涂手法，薄薄地喷涂一层，增强涂层间的亲和力，防止出现咬底、走珠等缺陷。

② 喷涂第二层底色漆。第二层底色漆比第一层色漆范围稍宽，正常喷涂，以盖住底层颜色，同时在涂层边缘要采用弧形喷涂手法，让边缘颜色形成过渡效果。如果此层喷涂完后还没有完全盖住底材，可以等涂层干燥之后再用相同方法喷涂 1~2 层，以保证盖住底层颜色为标准。

③ 喷涂第三层底色漆。用 1∶2 的比例混合驳口溶剂和喷枪里面的色漆（混合比例要考具体产品的说明），采用弧形喷涂手法，薄薄地雾喷 1~2 层，以消除金属斑纹并调整金属感，让颜色形成自然过渡。最后喷涂的范围一定要控制在打磨区域内，如图 15-62 所示。

(5) 喷涂已混合好的清漆

清漆一般喷涂两层即可,第一层喷涂以有光泽为准,涂层要薄,不能太厚,否则会影响颜色效果,喷涂范围以能盖住金属底色漆为准,第二层稍厚一些,以形成最终较佳的光泽、纹理,涂层边缘采用弧形喷涂手法,喷涂范围比第一层要大,如图15-63所示。

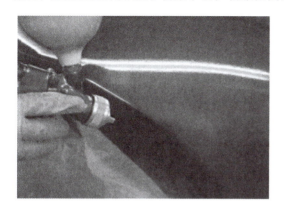

图15-62　喷涂底色漆图　　　　　　图15-63　喷涂清漆

（6）驳口过渡处理

先将喷枪里面的清漆1∶1混合装口溶剂,在清漆层与驳口处做渐变,如图15-64所示。再将喷枪清洗干净后,注入纯驳口溶剂,扩大口面变位置。每一次喷涂都要适当地调整喷枪的气压和喷幅,使之逐渐变小,以达到喷雾逐渐变淡的目的,有时还要根据适当情况改变出漆量。

进行双工序底色漆（主要是金属银粉漆）局部修补涂装应注意以下几点:

① 底色漆的顺涂面积及方向,如图15-65所示。底色的喷涂区域面积应量尽量小,但也必须同时保证底色漆的有效过渡,并没有明显的断接面色和色差。控制底色漆的喷涂方向有利于控制修补面积,使银粉不超过驳口区域,达到缩小局部修补范围的目的。

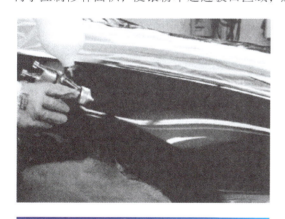 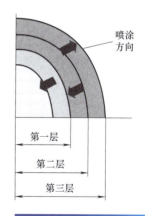

图15-64　清漆驳口处理　　　　　　图15-65　底色漆喷涂面积和方向

② 清漆及驳口溶剂的喷涂面积和方向。清漆喷涂的面积应该能把底色漆完全盖住,喷涂时的方向朝内,如图15-66所示,这样可以控制整个涂层的面积。喷涂驳口溶剂时方向朝外,让涂膜形成一个由厚到薄的过渡,如图15-67所示。

③ 喷涂各层涂料时，涂层边缘一定要形成一个由厚及薄的过渡。这样才能最终与未修补的区域相融合。

④ 双工序金属漆的颜色效果与涂层干燥程度有关，所以底色漆在喷涂时一定要每层充分闪干。

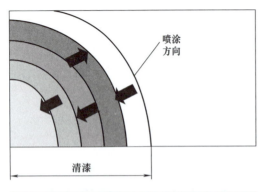

图 15-66　清漆的喷涂面积及方向

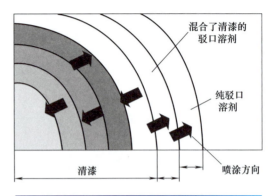

图 15-67　驳口溶剂的喷涂面积及方向

⑤ 喷涂双工序金属（银粉）漆时应避免形成"黑圈"。

黑圈的产生主要是由于修补部位通常喷得比较湿，银粉颗粒排列比较有序，而涂层边缘部位由于是采用弧形喷涂，涂料比较干燥，银粉颗粒不能很好地排列，在光线折射下会显得颜色有明显的差异。

"黑圈"现象可以采用以下方法进行消除：

方法一，在喷涂银粉底色漆以前，先取少量调配好的清漆加入 9 倍的清漆稀释剂混合搅匀后，薄喷一层在整个打磨区域内，这样可以使被修补区域形成一层湿润无色的底，然后再进行银粉底色漆的喷涂修补。因为清漆干燥得比较慢，修补区域边缘飞溅的银粉颗粒，可以在比较湿的环境下得到充分排列，即可消除黑圈现象。

方法二，采用专用的驳口清漆，按要求调配好后直接喷涂，喷涂方法同上。

方法三，可先喷涂加入稀释剂的平衡银粉树脂，喷涂方法同上。

方法四，可用挑枪的方法来实现，但需要一定的技巧和经验。颜色越浅的银粉越难处理驳口，修补之前喷涂驳口清漆，这样可以大大改善银粉驳口边缘产生"黑圈"的现象。

第16章 塑料保险杠的涂装

一辆汽车的前塑料保险杠由于碰撞,拐角处出现变形及涂层损伤,如图 16-1 所示,车主有可能要求直接修复,也有可能要求更换新保险杠。下面介绍直接修复的方法,以恢复和达到原来的涂膜质量要求,如图 16-2 所示。

图 16-1 保险杠修复前的效果

图 16-2 保险杠修复后的效果

16.1 塑料的鉴别方法

塑料件在维修涂装之前,必须弄清楚塑件的种类,以便确定其选用的涂料和维修方法。常用的汽车车身塑料产品的鉴别方法有以下几种。

16.1.1 查看塑料件上的 ISO 代号

一般正规厂家生产的塑料件在工件背面或边角都会印上 ISO 国际符号标识,也就是塑料代号,在零件拆下后就能看到,如图 16-3 所示。

16.1.2 查看维修手册

无 ISO 标识时,可通过查找车身维修手册,查看部件的塑料种类,如图 16-4 所示。

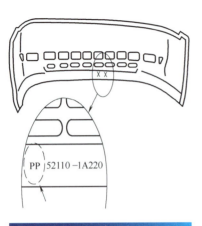

图 16-3 塑料件背面的类型代码

图 16-4 从维修手册查找塑料种类

16.1.3 燃烧鉴别

切下一小片塑料，用镊子夹住在火中燃烧，查看其火焰颜色、燃烧情况及闻气味。如 PS（聚苯乙烯）塑料容易被点燃，火源移开后能继续燃烧，有黑烟释放，如图 16-5 所示；PP（聚丙烯）塑料也容易被点燃，火源移开后能继续燃烧，但火焰颜色与 PS 塑料不同，且没有黑烟；PVC（聚氯乙烯）塑料受热后易熔化，燃烧时火焰呈绿色或青色，有盐酸味；聚烯烃类塑料在燃烧时的火焰没有明显的烟雾，有蜡的气味；聚醋酸纤维素类塑料经点燃后有醋酸味。ABS（丙烯腈-丁二烯-苯乙烯三元共聚树脂）塑料不容易被点燃，燃烧时有明显烟雾产生，如图 16-6 所示。

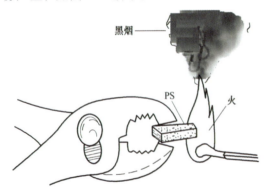

图 16-5 PS 塑料燃烧

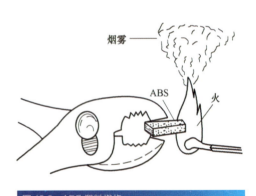

图 16-6 ABS 塑料燃烧

16.1.4 焊接鉴别

用不同类型的塑料焊条与塑料进行试焊接，能与之焊合的即为此种焊条类型的塑料品种。

16.1.5 敲击鉴别

用手敲击塑料制品内侧，PU 塑料声音较弱，PP 塑料声音较脆。

16.1.6 其他简易鉴别

PU 塑料用砂纸打磨后没有粉末,而 PP 塑料有粉末;PU 塑料易被划伤,PP 塑料不易划伤等。也可以把塑料放在水上,能浮起的一般是 PP、PE 塑料,但 PP 塑料较硬,PE 塑料较软。

16.2 主要工具和主要材料准备

16.2.1 主要工具设备的准备

塑料件的涂装主要用到的工具设备有喷漆房、空气压缩机及空气分配管道、油水过滤器、喷枪、风枪、喷涂支架、刮刀、调漆比例尺、烤灯、砂轮机、干磨系统等。

16.2.2 主要材料的准备

① 塑料清洁剂。主要是用来清除塑料脱膜剂或其他污染物的,功能类似于塑料除油剂。
② 塑料静电消除液。主要是防止塑料表面静电的聚集,确保表面无灰尘。
③ 塑料底漆。主要是用于塑料材质表面,增强塑料表面的附着力。
④ 塑料柔软剂。也称塑料增塑剂,主要是为了提高涂膜的柔韧性使之能很好地附着于塑料表面。
⑤ 减光剂。也称哑光剂,主要是用于降低面漆的光泽以达到所需的低光泽效果。
⑥ 塑料原子灰。主要用于填平或填充塑料件上的不平及划痕、孔洞等。

16.3 新塑料件的清洁及检查

新塑料件一般外形较好,涂装时主要是各个涂层涂料的选择及喷涂。

16.3.1 一般涂装步骤

① 穿戴好合适的劳保防护用品。
② 贴护好需要保护的部位和部件。
③ 检查新塑料件表面是否有底漆。

16.3.2 清洁粗化塑料件表面

① 根据塑料清洁剂的使用说明调配好清洁溶液。
② 用约 P320 号的菜瓜布蘸调配好的清洁溶液轻轻地仔细打磨塑料表面,让塑料表面产

生一定的粗糙度，同时也除掉塑料表面的油污及脱模剂等。

③ 全部打磨完成后，用清水冲洗干净清洁溶液，再用风枪吹干工件。

16.3.3 检查塑料件表面是否有缺陷

若有缺陷，则需修整、填补塑料表面的缺陷：

① 如果塑料件表面有毛刺，可以用砂纸或刀片，磨平或削平塑料表面。

② 如果表面有划痕或轻微不平，可以用塑料原子灰进行填补，干燥后打磨平整，如图 16-7 所示。

若塑料件表面无任何缺陷，用塑料件专用除油剂清洁干净工件表面，如图 16-8 所示，并用粘尘布粘干净工件表面的浮尘。

图 16-7　打磨

图 16-8　清洁除油

16.4 底漆的施工

塑料底漆的涂装要根据塑料件的材质选择合适的塑料底漆产品，根据涂料产品说明进行调配和施工。如某品牌的 P572-2001 单组分塑料粘附底漆的使用说明见表 16-1。

表 16-1　塑料底漆的使用说明

P572-2001 单组分粘附底漆施工工艺	
适用范围	除对溶剂敏感的各种可喷涂塑料材质表面
1:0	不用稀释，直接使用

续表

\\	P572-2001 单组分粘附底漆施工工艺
适用范围	除对溶剂敏感的各种可喷涂塑料材质表面
	喷嘴口径:1.3~1.5mm 喷涂压力:传统型喷枪压力,270~330kPa;HVLP型喷枪压力,150~200kPa
	环保喷枪喷嘴口径:重力式喷枪,1.3~1.6mm;吸上式喷枪,1.4~1.6mm 喷涂压力:70kPa/10psi(风帽)
	连续喷涂2个单层
	风干时间: 20℃,10min
重涂	风干之后无需打磨,可直接喷涂中涂底漆或面漆

① 选择合适的中涂底漆品种,按规定调配好涂料。喷涂好塑料底漆的工件,可以选择常用的双组分中涂底漆进行施工。值得注意的是如果工件比较软容易变形,则需要在双组分中涂底漆里面添加适量的塑料柔软剂,以增强涂膜的柔韧性,不同品牌的柔软剂使用方法各有不同,如某品牌的 P100-2020 柔软添加剂的使用方法见表 16-2。

表 16-2 塑料柔软剂的使用说明

塑料材质	软质塑料工艺	特软质塑料工艺	备注
	双组分面漆或底漆　　5份 P100-2020　　　　　　1份	双组分面漆或底漆　　2份 P100-2020　　　　　　1份	添加柔软添加剂会延长干燥时间
	按常规比例添加固化剂和稀释剂	按常规比例添加固化剂和稀释剂	

② 对整个工件表面喷涂 2~3 个正常涂层,表面平整光滑,有一定膜厚即可。

③ 采用自然干燥或烘烤干燥的方法进行干燥。由于塑料件容易受热变形,所以在采用

烘烤干燥时特别注意烘烤温度不要超过 70℃，烤灯离工件距离不要小于 80cm，烘烤时间不能过长。

④ 用 P400 或 P500 砂纸配合双作用打磨机打磨中涂底漆，对于边角或不好打磨部位建议采用较细型号的菜瓜布进行打磨。如果是采用水磨，建议使用 P600～P1000 水磨砂纸。

⑤ 仔细检查每一个部位，确保所有需要喷涂面漆的部位都打磨到位并打磨至平整光滑。

提示：有的厂家在喷涂有纹路的塑料件时，为了避免喷涂过厚影响纹理，有时建议在塑料底漆上直接喷涂面漆。但是当使用的是透明的塑料底漆，且面漆遮盖力也较差时，为了避免色差，就需要喷涂一层中涂底漆。

16.5 面漆的施工

16.5.1 面漆的施工

① 清洁干净工件表面，如图 16-9 所示。

② 根据所喷面漆类型和使用方法调配好涂料。面漆可以选择在车身上使用的修补涂料类型，对于较软塑料应该在调配涂料时加入适量的塑料柔软剂。

提示：对于双工序或三工序涂层，塑料柔软剂要添加在罩光清漆里面。色漆由于涂层较薄，有很好的柔韧性，所以不需要添加。

③ 按一般工件上的喷涂方法进行面漆的喷涂，如图 16-10 所示。

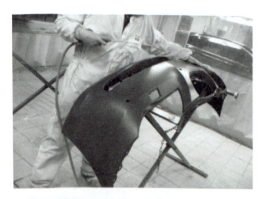
图 16-9　除尘

图 16-10　喷涂

16.5.2　对新喷涂的面漆进行干燥和修整

① 采用自然干燥或利用烤灯、烤房烘烤干燥面漆。

提示：烘烤时的温度不要超过 70℃，否则温度过高容易导致塑料变形。

② 当涂膜完全干燥之后检查涂层表面存在哪些缺陷。如果缺陷较严重，需要重新

喷涂的应该进行返工处理。如果可以通过抛光打蜡处理的，如尘点、流痕等，应该先用P1500～P2000水磨砂纸将缺陷打磨掉，将涂层打磨平整，然后再用抛光机或手工进行打蜡处理。

提示：添加了塑料柔软剂的涂膜一般较软，在使用抛光机进行高速旋转打磨漆面时，容易因为温度过高损坏涂层，所以对于此类涂层尽量使用低速旋转或手工抛光打蜡的方式进行处理。

③ 清洁干净工件表面，完成整个塑料件的涂装工作。

16.5.3 塑料件的维修涂装

塑料件的维修涂装特指之前有过涂层的涂装，只是部分涂层出现损坏的情况。它的一般操作步骤如下：

① 穿戴好合适的劳保防护用品。

② 清洁、检查损伤部位，鉴别旧涂层涂料类型及塑料种类。

由于现在汽车保险杠上一般喷涂的是双组分涂料，所以在鉴别时主要是检查原涂层的硬度及面漆施工工序即可。汽车保险杠一般采用聚酯和聚丙烯类塑料，如果有裸露部位，最好先擦涂一薄层塑料底漆再刮涂塑料原子灰。

③ 评估损坏程度，确定维修范围，并对相关部位及部件进行贴护。

④ 用 P180～P240 干磨砂纸配合 7mm 双作用打磨机将损伤部位打磨平整光滑，如图 16-11 所示。对于有毛刺或稍高的部分用刀片先大致削平再打磨。

⑤ 在裸露的塑料部位用擦拭布薄薄涂上一层塑料底漆，并进行干燥。如果是附着力较好的塑料件或裸露面积较小，则可以直接刮涂塑料原子灰。

⑥ 用塑料原子灰填平损伤部位，如图 16-12 所示，并进行干燥，如图 16-13 所示。

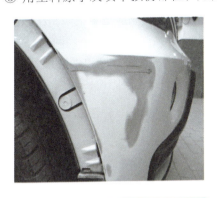

图 16-11 打磨羽状边

图 16-12 刮涂塑料原子灰

⑦ 选用 P120～P240 干磨砂纸配合双作用打磨机或手工打磨平塑料原子灰，如图 16-14 所示，并将周围需要喷涂的区域用 P320～P360 干磨砂纸磨毛。

⑧ 清洁干净工件表面，如图 16-15 所示，并贴护好需要保护的部位，如图 16-16 所示。

⑨ 对裸露塑料材质的地方薄薄喷涂或擦拭一层塑料底漆。

⑩ 对损伤部位进行中涂底漆的施工。

图 16-13 烘烤

图 16-14 打磨塑料原子灰

图 16-15 除尘

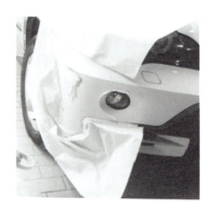

图 16-16 贴护

a. 选择合适的中涂底漆品种，按规定调配好涂料。中涂底漆可以选择一般常用的双组分底漆，但是如果工件是柔性塑料，需要在双组分中涂底漆里面添加适量的塑料柔软剂。

b. 对需要喷涂的部位薄喷 2~3 个涂层，如图 16-17 所示。

c. 采用自然干燥或烘烤干燥的方法进行干燥。烘烤时注意烘烤温度和烘烤距离。

d. 用 P400 或 P500 砂纸配合双作用打磨机打磨中涂底漆，如图 16-18 所示。

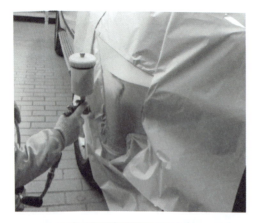

图 16-17 喷涂中涂底漆

图 16-18 打磨中涂底漆

对于边角或不好打磨的部位用较细型号的菜瓜布进行打磨。如果是水磨，建议使用P600～P800水磨砂纸进行打磨。

　　e. 仔细检查每一个部位，确保所有需要喷涂面漆的部位都打磨至平整光滑。

⑪ 对损伤部位进行面漆的施工。

　　a. 清洁干净整个需要喷涂的表面和周围区域。

　　b. 用纸胶带和遮蔽纸将不需要喷涂的部位保护起来，如图16-19所示。

　　c. 用除油剂对整个施工表面进行彻底除油，然后用粘尘布擦拭干净表面的浮尘。

　　d. 根据所喷涂料类型和使用方法调配好面漆。对于较软塑料应该在双组分面漆中加入适量的塑料柔软剂。

　　e. 按照一般工件上的喷涂方法进行面漆的喷涂，如图16-20所示。

图16-19　面漆喷涂前的贴护

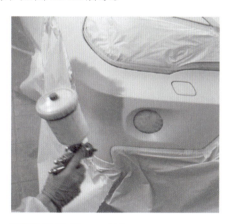
图16-20　喷涂面漆

⑫ 对新喷涂部位进行干燥和修整。利用烤灯或烤房烘干面漆涂层，然后检查涂层质量，如果有颗粒、灰尘、流痕等表面轻微缺陷，在打磨平整后进行抛光打蜡修整。如果缺陷较严重则需要重新打磨喷涂处理。对于新旧涂层接口处，在抛光打蜡时特别要注意，避免磨破接口，使驳口痕迹更明显。

第3篇

车身美容

第17章 面漆涂装后的修整

面漆的喷涂结束以后，涂装的工作已经大部分完成，但由于涂装过程中，不可避免会出现一些缺陷，另外，有些类型的面漆，喷涂后必须经过抛光等处理后，才能获得合适的光泽效果。故喷涂结束后还需要进行最后的修整工作。涂膜的修整主要包括清除贴护、修理小范围内的缺陷和表面抛光、打蜡等。

修饰操作人员要有熟练的操作技术，对各层涂料的涂装操作工艺和用料都非常了解。常见缺陷有漏喷、露底、毛边、颗粒、针孔、流挂、麻眼、咬底、粗糙等。

17.1 喷涂缺陷的修整

17.1.1 漏喷和露底

漏喷和露底主要发生在汽车车身的边棱部位或行李舱等次要部位，如图 17-1 所示，对于这种缺陷，采用以下方法进行修整。

① 先用 P500~P600 水砂纸将该部位轻磨（干磨）光滑并擦净杂质。

② 调制原色漆将打磨部位细致地补喷均匀。

注意：一定要遮盖好其他部位。

图 17-1 漏喷和露底

17.1.2 毛边的修整

① 先用刀片将毛边清理干净，如图 17-2 所示。

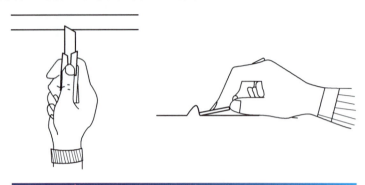

图 17-2　用刀片清理

② 用毛笔蘸少许色漆轻涂一次，如图 17-3 所示。

图 17-3　用毛笔补涂

③ 干燥后补涂一次，至平滑均匀，如图 17-4 所示。

图 17-4　干燥后补涂

17.1.3 颗粒的修整

（1）立面垂滴的修整

用刀片切平，如图 17-5 所示。对于较小的凸起可用油石磨平，如图 17-6 所示。

（2）平面上的突起颗粒或污点的修整

① 用刀片将平面上的突起颗粒或污点基本削平。

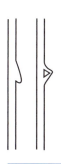

图 17-5 用刀切平

图 17-6 用油石磨平

② 用粒度为 P1000～1500 的水磨砂纸进行打磨，如图 17-7 所示。

17.1.4 流挂修饰

（1）边缘流挂的修整

① 用小刀将流挂的部分削平整，如图 17-8 所示。
② 用 P600 的砂纸打磨平滑。
③ 进行必要的遮盖，如图 17-9 所示。
④ 补喷一次清漆（对于素色漆，补喷素色面漆），如图 17-10 所示。

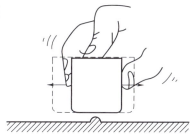

图 17-7 打磨平面凸起颗粒

图 17-8 用刀削平流挂

图 17-9 遮盖

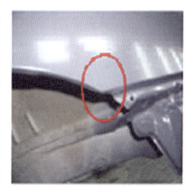

图 17-10 补喷清漆

（2）片状流淌（流挂）的修整

钣件中间面漆流淌（也称片状流挂）如图 17-11 所示。

钣件中间面漆流挂的修整方法如下。

① 用 P500～P600 的水磨砂纸将流痕水磨至平整。
② 用 P800～P1000 的水磨砂纸将流淌部位水磨平滑，洗净擦干。

17.1.5 针孔的修整

（1）局部小面积针孔

如图 17-12 所示。先用 P1000～P1200 的水磨砂纸磨平滑。

图 17-11　片状流挂

（2）较大面积针孔

如图 17-13 所示。较大面积针孔的修整方法如下。

① 先用 P500～P600 的水磨砂纸水磨平滑，洗净吹干。

② 用填眼灰填孔。

③ 干燥后用 P1000 的水磨砂纸平滑，洗净吹干，并清洁除油。

④ 按面漆末道漆喷涂的方法细致地补喷均匀。

⑤ 在新喷面漆的过渡区域喷驳口水。

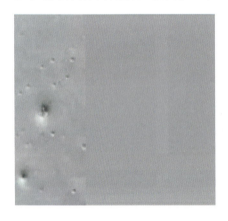

图 17-12　较小面积针孔

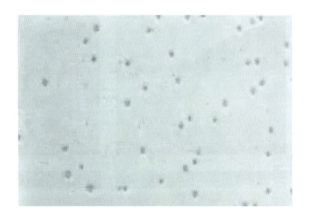

图 17-13　较大面积针孔

17.1.6　咬底的修整

咬底如图 17-14 所示。

① 将起皱的漆膜清除。

② 待该部位干燥后，用 P240 水砂纸打磨光滑。

③ 细刮原子灰至平整。

④ 干燥后磨光原子灰，清洁除油。
⑤ 用原色浆补喷均匀。
⑥ 喷驳口水以消除漆雾痕。

17.1.7 粗糙面修整

（1）小面积粗糙面
① 用 P1000 水砂纸配合橡胶磨块手工水磨平滑，擦净晾干。
② 用砂蜡和光蜡进行抛光修饰。
（2）大面积粗糙面
① 用打磨机配合 P320 砂纸充分磨平，擦净。
② 用砂蜡和光蜡进行抛光修饰。

图 17-14　漆面的咬底

17.2 面漆的抛光研磨

只要进行喷涂作业，就很难避免灰尘和小颗粒的粘附。如果是丙烯酸硝基漆，还可以中途打磨去掉附着物，表面再重新喷一层；而聚氨酯涂料处理起来则较困难。聚氨酯涂膜本来无需抛光处理，因此对灰尘和小颗粒的粘附特别敏感。有灰尘和小颗粒的粘附，就要进行修整。

汽车在使用过程中，风吹、日晒、雨淋，使得漆面失去光泽，表面形成氧化层。

由于使用中摩擦及日常护理不当，会在漆面上出现轻微划痕，不仅影响美观，还会使漆面加速损坏，如图 17-15 所示。

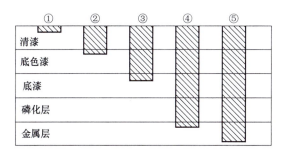
图 17-15　漆面的划痕情况

发丝划痕：洗车、擦车或轻微摩擦而产生的细划痕，未穿透清漆，一般手感觉不出凹痕处。

轻度划痕：比发丝划痕要深，虽穿过清漆层但未穿透底色漆层。
中度划痕：可见底色漆，但未划破底色漆层。
深度划痕：可见电解漆层，但未伤及金属。

创伤划痕：使金属受到严重伤害的划痕。

以上问题经常需要进行面漆的抛光研磨。

17.2.1 漆面研磨抛光工序

漆面研磨抛光主要由研磨、抛光、还原三道工序所组成，研磨是去除车漆原有的缺陷；抛光是去除研磨遗留的痕迹；还原可以找回车漆的本来面目。

相应地，研磨、抛光、还原三道工序的系列用品主要有研磨剂、抛光剂和还原剂三类。这三类用品中都含有某种摩擦材料。摩擦材料的颗粒大小不同在护理作业中发挥的作用也不同，颗粒大的用于粗磨，颗粒小的用于细磨，颗粒微小的用于精磨，以满足各种不同护理作业的需要。

17.2.2 漆面清洁

按车表清洗操作对全车进行清洗，如图17-16所示，并仔细检查车漆，若仍有污垢及残蜡，应进行精细清洗及脱蜡清洗作业，并将车擦干。

17.2.3 遮蔽

对于不需要抛光的板块可以用遮罩纸与胶带将其遮盖起来，如图17-17所示，对于电镀饰条及车窗防雨密封条用纸胶带将其遮盖起来，前挡风玻璃可用大毛巾遮盖。

图17-16 车辆清洗

图17-17 遮蔽

17.2.4 选定研磨剂

抛光剂其实也是一种研磨剂，选定时要仔细鉴别漆面质量及状况，确定所使用研磨剂。研磨剂应优先选用微切研磨剂，如果漆面缺陷较为严重，则需选用中切或深切研磨剂。使用深切研磨剂后还应使用中切研磨剂和微切研磨剂对漆面进行进一步研磨。

17.2.5 抛光机

研磨/抛光机是一种集研磨和抛光为一体的设备，安装研磨盘时可以进行研磨作业，安装抛光盘可进行抛光作业，俗称为抛光机。

抛光机有立式和卧式两种，立式抛光机体积小，携带方便，可以作为打蜡工具使用，如

图 17-18 所示。绝大多数的汽车美容店都使用卧式抛光机，如图 17-19 所示，因为它操作方便，使用寿命长，抛光效果好。

图 17-18　立式抛光机

图 17-19　卧式抛光机

① 抛光轮背面与抛光垫上有粘扣，如图 17-20 所示，方便安装和拆卸，安装粘扣式的抛光轮时，如图一定要保证二者的中心线重合。如果安装位置偏了，抛光轮转动时，边缘的离心力分布不均，就会影响到抛光质量和加速设备的损坏，甚至在抛光过程中会出现轮盘飞出去划伤车漆或伤到人，如图 17-21 所示。

图 17-20　抛光轮、抛光剂

图 17-21　安装抛光盘

② 普通抛光机有 1~6 个不同的速度挡位，通过挡位调整旋钮进行调节，如图 17-22 所示。高档的抛光机速度调节是无级的，可以在静止到最高转速之间随意调节，满足不同的抛光工艺要求。

③ 抛光操作时电源开关可以自锁，不用手指长时间按着开关，方便抛光操作；需要停机时只要再按一下开关，锁止自动解除，抛光机停止工作。

④ 调整抛光机转速，其次海绵研磨盘浸湿后，安装在研磨机上，以低速空转几分钟，将多余的水分甩掉，如图 17-23 所示。

17.2.6　抛光盘

主要有研磨盘和抛光盘，它们安装在抛光机上通过与抛光剂或研磨剂共同作用完成研磨/抛光作业。

（1）羊毛抛光盘

图 17-22 调整抛光机转速

图 17-23 清洁抛光盘

羊毛抛光盘具有研磨能力强、功效大特点,研磨后会留下旋纹。一般用于普通漆的研磨和抛光,用于透明漆要技术非常熟练方便,否则极易漏底。

白色型:白色的羊毛抛光盘切削力强,能去除漆面严重瑕疵,配合较粗的沙蜡打磨进行快速去除橘皮或修饰研磨痕,如图 17-24 所示。

黄色型:黄色羊毛抛光盘切削力较白色要弱一些,一般配合细蜡来抛光蜡面、去除漆面粗蜡抛光痕及轻微伤痕,如图 17-25 所示。

图 17-24 白色型抛光盘

图 17-25 黄色型抛光盘

(2)海绵抛光盘

海绵盘切削力较羊毛盘弱,不会留下旋纹,能有效去除中度漆面的瑕疵。用于车身普通漆和透明漆的研磨和抛光,一般作羊毛抛光盘之后的抛光、打蜡之用,如图 17-26 所示。

图 17-26 海绵抛光盘

17.2.7 抛光机的使用

① 调整抛光机转速,将海绵研磨盘浸湿后,安装在研磨机上,以低速空转几分钟,将多余的水分甩掉。

② 抛光机在工作可高速运转,如图 17-27 所示,向下用力,如图 17-28 所示,使抛光盘和工作面要垂直接触,采用如图 17-29 所示的工作方法,不能采用图 17-30 所示的工作方法。

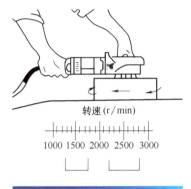

图 17-27 高速运转

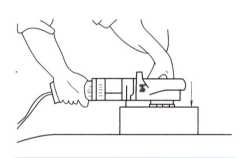

图 17-28 向下用力

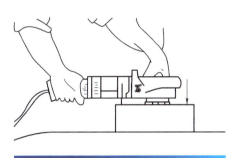

图 17-29 正确方式

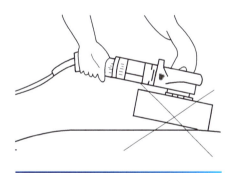

图 17-30 错误方式

③ 在抛光机完全停下之前,不要放下抛光机。

④ 不要对太靠近边框、保险杠和其他可能咬住转盘外沿的部位进行作业。

⑤ 应时刻注意抛光机的电线,防止将电线卷入机器。

⑥ 抛光时,应注意不要让灰尘飞到脸上,而应使其落向地板。

17.2.8 研磨

(1) 涂抹研磨剂

先将瓶装的研磨剂上下左右摇晃均匀,然后倒在待抛车身漆面上,再用研磨盘将研磨剂涂抹均匀,如图 17-31 所示。

图 17-31 涂抹研磨剂

（2）研磨

① 如先进行的是深切研磨，研磨后还应分别进行中切研磨及微切研磨，如图 17-32 所示。

② 研磨时，可先研磨左半边或右半边，其顺序是右车顶→右前发动机仓盖→右前翼子板→右前车门→右后车门→右后翼子板→行李箱右侧，左边则反过来实施即可，如图 17-33 所示。

图 17-32 各种形式的研磨

图 17-33 按研磨顺序研磨

（3）清洗验收

漆面研磨后，应用清水对整个车身清洗并擦干，彻底洗去残余研磨剂。最后，对研磨效果进行验收，验收的标准是没有遗漏、漆面色泽一致；车漆无明显旋纹及划伤，如图 17-34 所示。

图 17-34 清洗验收

第18章 漆面的美容

漆面美容,是指针对漆面部位不同材质所需的保养条件,采用不同性质的美容护理产品及施工工艺,对漆面进行全新保养护理以达到延长汽车使用寿命,增强其装饰性和美观性的一种行为。

18.1 面漆的封釉

釉是一种从石油副产品中提炼出来的抗氧化剂。釉的特点是防酸、抗腐蚀、耐高温、耐磨、耐水洗、渗透力强、附着力强、光泽度高等。

车身封釉就是通过专用的封釉振抛机将高分子釉高速振动和摩擦,利用釉特有的渗透性和黏附性把釉分子强力渗透到汽车表面、油漆的缝隙中去,形成一层牢固的网状保护膜,提高漆面硬度与光泽度,减少外界环境的侵蚀,从而达到保护车漆的目的。

18.1.1 漆面封釉设备与工具

封釉施工所需的设备和工具主要有封釉振抛机、纸胶带、红外线烤灯等,如图 18-1 所示。

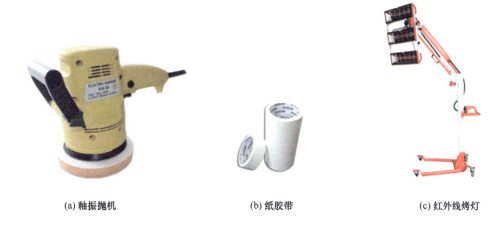

(a) 釉振抛机　　(b) 纸胶带　　(c) 红外线烤灯

图 18-1　漆面封釉设备与工具

18.1.2 漆面封釉

（1）准备

将需封釉的车辆停于无尘车间，拉好手刹，关上门窗。

（2）精细清洗车表

按精细清洗车表作业进行清洁作业，彻底去除各种油污、残蜡等污渍，如图18-2所示。

（3）黏土处理

由于长期积存的尘土、胶质、飞漆等脏污很难靠清洗来完全去除，可用"神奇泥"（黏土）进行全面的去污处理，如图18-3所示。

图18-2 清洗车身表面

图18-3 全面去污处理

（4）遮罩

车身表面处理干净好后，将车身上的金属件、橡胶件、车标、字母、灯饰、接缝等用纸胶带遮罩好，以防止在研磨抛光中损伤。

（5）研磨抛光

使用海绵盘对漆面进行抛光，去除氧化层，抛掉膜面树胶和其他顽固污渍，如图18-4所示。

（6）精细清洁

进行精细清洁，先用除蜡水清除漆面蜡层，最后将车身擦干，车身缝隙中的水要用吹风枪吹干。

图18-4 研磨抛光

（7）检验

研磨抛光后应呈亚光状态，若有地方显示有光亮，说明有漏抛现象，可用毛巾蘸少许抛光剂手工抛光即可。

（8）振抛封釉

将封釉涂抹至待封釉漆面，每涂抹面积大概为发动机盖1/4面积为好，并由上至下进行操作，振涂时速度要慢、均匀，如图18-5所示。

（9）红外线灯烤

封釉后的车辆在红外线烤房用红外线烘烤10~15min，其目的是为了使釉更好地渗入漆面，如图18-6所示。

图18-5　振抛封釉

图18-6　红外线烤房

（10）无尘打磨

烤好后可用无尘纸打磨一遍车身，让漆面如镜面般光亮。

（11）收尾工作

封釉后车身上的细小划痕都会遮盖住。把纸胶带、报纸等撕掉，并用麂皮或专业无尘纸处理干净被粘贴表面。

18.2
面漆镀膜或镀晶

18.2.1　面漆镀膜

漆面镀膜是指在漆膜表面涂镀一层硬度高、弹性强、抗氧化的保护膜。所用材料由金属原子、氟素高分子体、透明纤维分子采用特殊工艺精制而成，具有防护力强、光洁明亮、清洗方便、无副作用、效果持久等特点，较好克服了以往漆膜保护产品容易氧化的不足。

（1）手工镀膜

手工镀膜类似于封釉施工工艺，只是材料不同而已，主要由漆面清洁、研磨抛光、手工镀膜等工序构成。

① 准备。将镀膜车辆停于无尘车间，拉好手刹，关上门窗。

② 精细清洗车表。

③ 黏土处理。

④ 遮罩。

⑤ 研磨抛光。使用海绵盘对漆面进行抛光，如图 18-7 所示。

⑥ 镜面处理。将镜面蜡涂在漆面上，在以波浪海绵盘作为配套盘在研磨抛光机的作用下对漆面进行镜面处理，并使用护理抹布对多余的残蜡进行清洁，如图 18-8 所示。

图 18-7 研磨抛光

图 18-8 镜面处理

⑦ 漆面镀膜。用专用海绵轮以打蜡画圈的方式将水晶镀膜打到经过镜面处理的车表上，等待凝结发白后用打蜡毛巾进行抛光，如图 18-9 所示。

⑧ 清洁。使用毛巾对蜡面进行擦拭，去除多余残蜡，并使蜡层呈现镜面效果，去除蜡斑。

⑨ 上增艳蜡。使用汽车漆面增艳蜡喷洒到车漆表面，并用打蜡毛巾对蜡面进行擦拭，起到进一步的镜面和增光效果，如图 18-10 所示。

图 18-9 手工镀膜

图 18-10 上增艳蜡

⑩ 验收。检验标准是全车水晶般的镜面效果，如图 18-11 所示，触摸手感好，如图 18-12 所示。

（2）电喷镀膜

电喷镀膜是通过喷枪，将色彩还原魔幻蜡细化至 0.01mm 粒度喷涂于车漆表面上形成一层保护膜，然后再用无纺布抛光，从而实现镀膜。

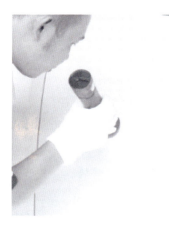

图 18-11 全面检查

图 18-12 触摸手感好

① 准备。将镀膜车辆停于无尘车间，拉好手刹，关上门窗。

② 精细清洗车表。

③ 黏土处理。

④ 遮罩。

⑤ 研磨抛光。使用海绵盘对漆面进行抛光。

⑥ 漆面镀膜。选择与车身颜色相近的 40mL 左右镀膜车蜡倒入料杯，将喷枪连接气泵，并把喷枪的气压、流量及扇面调整至合适的工作状态，然后对车身漆面进行均匀喷涂；喷涂时持枪要始终垂直于喷涂面，并保持 150~200mm 的距离，如图 18-13 所示。

⑦ 烘烤车漆。用红外线烤灯将车蜡烤干，如图 18-14 所示。再用干净的纯棉毛巾擦拭干净。若没有烤灯一般可在喷涂 3~5min 后，用干净的纯棉毛巾擦拭干净。

⑧ 漆面密封。进行漆面密封护理，将全车车身漆面封一层镜面釉，用红外线烤灯将车身漆面烤干，然后用纳米毛巾擦拭干净，注意边角、缝隙处。

图 18-13 喷枪喷涂

图 18-14 烘烤车漆

⑨ 验收。检验标准是全车光亮如新，触摸手感好。

18.2.2　面漆镀晶

汽车镀晶原理就是在汽车漆表面形成一层强力保护晶体和紫外线过滤层，可提高漆面镜面亮度和硬度、防止划痕、防紫外线、酸雨、盐、沥青、飞漆、昆虫斑、黄砂、鸟粪等有害物质对车表的侵害。犹如给车漆穿上了一件高科技"防护铠甲",完全隔绝了灰尘、油污、霉菌、水分子等微粒对车漆本身的任何侵蚀,并具有抗紫外线、抗氧化、抗摩擦、不褪色、增加漆面硬度的作用,使漆面长期保持其原有光亮艳丽的色泽。

① 先使用蜡水洗液将车身漆面彻底清洁,并用柔软的毛巾擦拭干净。

② 使用专用洗车泥将车漆表面的小黑点、小黄点等各种氧化物清理干净。

③ 使用划痕修复车蜡或是抛光修复剂通过抛光的方式深度修复车身上的微小划痕,再使用镜面还原技术,还原漆面本身的光亮度,如图 18-15 所示。

图 18-15　漆面抛光处理

④ 使用专业清洁剂进行清洗,如图 18-16 所示,并将漆面密封起来,完成后必须使用超细的纤维材质的抹布去除多余油渍直到车身表面干净,如图 18-17 所示。

图 18-16　专业清洁剂清洗　　　　　　图 18-17　超细纤维布清洁

⑤ 将镀晶剂均匀喷洒在专用的抛光镀晶海绵上,如图 18-18 所示,然后在车漆表面沿直线方向进行纵横擦拭,直到整个车漆表面都覆盖薄薄的一层,如图 18-19 所示。

特别提醒:每次擦拭的不要超过 $0.5m^2$。

⑥ 等待大约 30s 之后,立即用另外一块超细的纤维布轻轻擦拭汽车漆面,直到将表面的镀晶剂全部擦拭干净,如图 18-20 所示,最后还需要自然晾干约 1h 左右,等待晶体自然硬化,如图 18-21 所示。

特别提示：镀晶后7天内不可以洗车，否则会前功尽弃。

图 18-18　喷镀晶剂

图 18-19　均匀漆面镀晶

图 18-20　去除过量镀晶剂

图 18-21　镀晶后效果图

第19章
玻璃贴膜

在汽车玻璃表面粘贴的膜俗称太阳膜,汽车贴膜是为了预防夏季灼热的阳光以及紫外线光。太阳光可分为3%紫外线、44%可见光以及53%红外线。紫外线对人体的危害影响最大,会造成皮肤晒伤、老化,甚至患皮肤癌。同时紫外线对汽车的影响包括使真皮座椅、内饰褪色。红外线是热辐射的因子,它使车厢温度升高,塑胶材质乳化,让人感觉不适,冷气负荷也跟着变大。想要隔绝紫外线及红外线,最好的办法就是张贴隔热膜。高档汽车隔热防爆膜对红外线的阻隔率可达88%,对紫外线的阻隔率全部达到99%以上,逼走热气,使车主在烈日当空下也能舒适开车。

我国现实行的《机动车运行安全技术条件》规定:汽车前风挡玻璃的可见光透射率不允许小于70%,所有车窗玻璃不允许张贴镜面反光遮阳膜。

无论是满足隔热、防紫外线等控光要求,还是要防范意外事故,必须保证前风挡玻璃具有足够的透光性。

所贴膜应以视线清晰、不增加前风挡玻璃的反光和不影响性能安全为首要前提。

19.1 鉴别玻璃膜结构和性能

热传导有三种形式:辐射、传导、对流。隔热膜主要是利用辐射和对流的形式来隔热,主要防止太阳的辐射热。

19.1.1 汽车玻璃膜的内部结构比较

(1)低成本窗膜的结构

低成本窗膜结构如图19-1所示。对于低成本染色膜和低成本金属膜等质量低劣的窗膜来说,膜和安装胶里基本没有紫外线吸收剂来防护紫外线的技术,并且褪色很快,抗刮伤性能也不好。

(2)高质量窗膜的结构

高质量窗膜的基本结构如图19-2所示。对于高质量的窗膜来说,在膜和安装胶上都采用紫外线吸收防护技术,严格控制紫外线的通过率,并且防刮伤性能良好,经久耐用,正常使用可以保证5~8年不会出现质量问题。

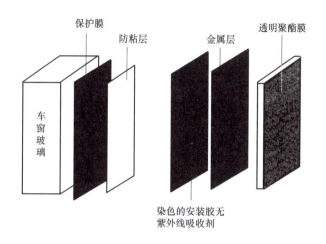

图 19-1 低成本的染色膜和金属膜

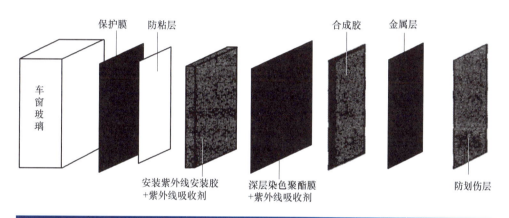

图 19-2 高质量的窗膜结构

19.1.2 汽车玻璃膜的鉴别

（1）假冒伪劣产品的危害

劣质玻璃膜往往不经过环保检测，安全方面缺乏。在玻璃膜产品的生产过程中，要用到甲醛和苯等基本溶剂。

正牌产品虽然制造过程中使用了这些溶剂，但是收尾的时候，会把它们重新提取出来。假冒伪劣产品没有这个生产工艺，成品膜上会有大量溶剂残留。将这种窗膜贴到汽车玻璃上会直接对人体造成伤害。

（2）正确鉴别玻璃膜

① 观察法。

用强光灯检验不同档次汽车玻璃膜的透光性、隔热性和单向透视性。正品往往很细腻、光滑、质地均匀，用手触摸，质感很强。假货、劣品则黯淡、粗糙、没有光泽。正品透光率极高，甚至可以达到95%。

有激光防伪标志的产品肯定是假货（不包括保护膜和喷墨防伪），打上防伪标签就破坏了它的控光性。所以正规产品，不可能在薄膜上打什么激光防伪的。

安全膜必须是厚度为 150μm，甚至 175μm 以上，才能具备初级防护功效，高端的安全膜厚度能达到 400μm，即 0.4mm 厚度。而太阳膜的厚度一般只有 20~30μm，仅为最薄的安全膜的 1/5，用手可以直接触摸感觉到明显的厚度差异。用游标卡尺，则可以直接量出厚度数值。

② 查证书。

需要注意的是要求经销商提供原件而不是复印件。经销商要有经过公证的授权证书和对公证书的法律认证。

正规的产品都有官方检测报告，检测的内容一方面是产品的控光性能，另一方面是产品的抗冲击性能。

③ 检查安装胶层。

取一样品，把衬膜撕开，拿手指粘上去以后甩不下来，说明膜的粘胶性能好。把膜揭下来的时候，感到很黏并且手上没有异味。

④ 检查是否掉色。

汽车玻璃膜通常是采用本体渗染和溅射金属着色的方法令膜有颜色，本体渗染使膜有颜色的称自然色膜，溅射金属使膜具有金属色的称为金属膜，采用这两种方法着色的膜不易褪色，尤其是金属膜。

⑤ 封样鉴定。

假冒伪劣的伎俩是，给消费者看的东西是真货，但安装的时候用假货。因为消费者不会用自己车窗玻璃做划擦和砸击检测。

某安全膜独创了一个鉴别办法：给客户从实际安装的薄膜上裁一块样品，然后贴在和车窗相仿厚度的普通或者钢化玻璃上，镶在镜框中给客户留存。

19.2 贴膜工具及用品

19.2.1 贴膜工具

根据贴膜工具的用途不同分为保护工具、清洗工具、裁膜工具、热成型工具和排水工具。

① 保护工具，见表 19-1 所示。

表 19-1 保护工具

名称	用途	实物
保护膜	防止内饰部件和车身有安装液淋湿，或液残留而产生难以去除的污渍	

续表

名称	用途	实物
毛巾	用来保护仪表台、座椅等内饰，防止工具划伤和吸收流淌下来的清洗液和安装液	

② 清洗工具，见表19-2所示。

表 19-2 清洗工具

名称	用途	实物
水壶	盛放玻璃清洗液和安装液，使用时能产生一定的压力将液体喷出，还可以调节喷雾形状	
铲刀	清除玻璃上的顽固污渍和残留的粘贴物	

③ 裁膜工具，见表19-3所示。

表 19-3 裁膜工具

名称	用途	实物
裁切剪刀	用来裁剪窗膜，修饰形状，与保护膜分离窗膜的裁切是在车窗玻璃上直接进行的。为了精确地裁出窗膜，同时又不划伤玻璃，必须掌握正确的持刀方法	
测量尺	用来测量车窗和窗膜的尺寸，便于粗裁	
裁膜工作台	用来摆放窗膜和窗膜粗裁时的操作台，要求平滑还不能过硬	

④ 热成型工具，见表19-4所示。

表 19-4 热成型工具

名称	用途	实物
热风枪	加热窗膜，使其收缩变形，达到与玻璃一致的形状。还可以将玻璃上有用的粘贴物加热后，便于取下	
大号塑料刮板	刮平窗膜，窗膜加热收缩后辅助成型；窗膜排水，清洁玻璃	

⑤ 排水工具，见表 19-5 所示。

表 19-5　排水工具

名称	用途	实物
橡胶刮水铲	刮平窗膜，可以在成型时使用，也可以在贴膜时排水使用	
橡胶刮板	用来排水，排水彻底	
小号塑料刮板	贴膜时辅助窗膜插入密封条内，彻底排水	

19.2.2　清洗液和安装液

清洗液和安装液是用于玻璃的清洗和安装，如图 19-3、图 19-4 所示，清洗液和安装液能保证窗膜的安装质量。

图 19-3　清洗液

图 19-4　安装液

清洗液要按使用说明规定比例稀释后使用。应每天清洗容器瓶并更换溶液。

19.3 太阳膜的施工

通常贴膜工艺流程从车辆检查开始，然后包括做内外防护、清洗玻璃、裁剪取模、热成型、窗膜粘贴、润湿等过程。

19.3.1 施工准备

(1) 车身清洁

对车辆进行全面的清洗和清理,去除车身和车内的污物、灰尘,并加强对玻璃的清洁。

(2) 车辆检查

首先,对整车外部和内部进行完好性检查,做好检查记录,如图19-5所示,其次,对玻璃表面的施工部位进行详细检查,检查是否存在无法去除的污垢和伤痕,是否有造成玻璃破损的冲击点、玻璃是否有划痕等。最后,对车厢内待施工玻璃周围的内饰件进行有无破损检查。

(3) 施工工具的准备

需要准备的施工工具有:刮水板、压力喷壶、热风枪、裁剪工具、吸水毛巾、荧光灯、胶带遮蔽膜及玻璃清洗剂等,如图19-6所示。

图19-5 车辆检查

图19-6 施工工具的准备

(4) 内外防护

由于贴膜中要使用大量液剂,不可避免地会喷射到玻璃以外的地方,如车门外侧的漆面,内侧的布材、皮革、塑料件等。为了避免额外增加工作量,应该在贴膜前对这些部位进行必要的保护,可以使用大毛巾垫在预贴膜的玻璃下方,防止清洁玻璃的污液弄脏内饰件,将遮蔽膜贴在汽车电器部件上,防止清洗液进入内部而导致短路或损坏,如图19-7、图19-8所示。

图19-7 发动机盖防护

图19-8 内饰防护

需要注意，如果玻璃上或周围有影响施工的内饰件，应该拆卸下来，如窗帘、挂饰、香水座等。

19.3.2 车窗清洗

玻璃清洗是贴膜过程中非常关键的一个环节，而且必须细致认真清洗，如图19-9所示。玻璃的清洁程度将直接影响最后的粘贴效果。玻璃清洗应使用贴膜专用的玻璃清洗液与助贴剂。玻璃清洗完毕后，要擦干残留的水和其他杂物，必要的时候要用风枪吹除缝隙中的水分。

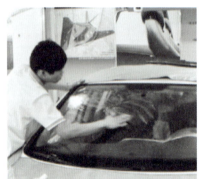

图19-9 玻璃清洁

19.3.3 裁剪取膜

（1）量取玻璃尺寸

用卷尺在玻璃外侧量取玻璃宽和高，必须在玻璃最宽和最高的部位测量，并且在宽和高都预留15～30mm作为余量，以防止剪裁量过小，如图19-10所示。

（2）粗裁

先用裁纸刀和直尺（钢尺最好）根据之前量取的数据在裁膜台上将膜裁成矩形。裁好的膜要卷成筒状，避免产生褶皱。将膜敷贴在玻璃外侧，然后用裁纸刀沿玻璃边缘裁下膜形，玻璃边缘有可外露部分的窗膜，定型就完成了。

玻璃边缘不外露部分的窗膜，还需后续处理工艺：首先调整膜的位置，按照玻璃边缘的形状下刀裁割窗膜；其次取下窗膜，向右分别移动5mm和8mm后，均匀裁出右边缘膜形，调整窗膜至最佳位置；然后画线，用笔把尚未裁割的贴膜沿玻璃边框的结合线标注。标注时用笔轻画出下边缘和左边缘玻璃与橡胶的相交线；最后二次细裁，把膜放回垫板展开，用钢尺与裁纸刀根据画线留取适当余量后裁掉，通常下侧边缘一般留2～4cm，需要结合具体的车窗玻璃来决定，如图19-11所示。

（3）热成型贴膜

利用前挡风玻璃的外侧曲面进行预成型。先是用喷壶在玻璃上喷一层薄水雾，然后将裁好的车膜铺在玻璃上，用塑料刮板由中心向外刮平。刮动时使车膜皱纹呈垂直方向分开，不可横向刮平皱纹。接着用数显烤枪进行加热，一边加热一边用塑料刮板挤压玻璃上的气泡和水分，使太阳膜变形并抚平褶皱车膜，使之与玻璃曲面完全吻合，如图 19-12 所示。

图 19-10 量取玻璃尺寸

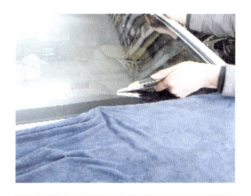

图 19-11 粗裁

（4）精裁

经过烤膜定型后，进行准确裁膜，如图 19-13 所示。用专用美工刀按略小于玻璃上的陶瓷小黑点 3~4 mm 进行裁膜。边线应平直，有角度的地方应修成圆角。

图 19-12 热成型贴膜

图 19-13 精裁

19.3.4 卷膜

汽车玻璃膜的基片是由通过拉伸成型的长链高聚物复合而成。在成型过程中，长链高分子会沿拉伸方向定向排列。一旦再次受热，长链高分子就会收缩回复到未拉伸的状态。这就是汽车玻璃膜加热成型的原理。

汽车玻璃膜的纵向也叫机器边方向，即膜的卷起方向，是主要的拉伸方向。幅宽方向，顾名思义，就是与机器边方向垂直的横向，该方向膜基本不能拉伸。一般来说，膜的收缩只能沿着一个方向，即机器边方向进行。任何与机器边方向垂直的皱褶都可以很好地收缩，而沿机器边方向排列的皱褶一旦受热，只会进一步拉伸变形，变得更难对付。

要区分汽车玻璃膜的机器边方向和幅宽方向，正确地铺放和裁切汽车玻璃膜，为进一步的加热成型做好准备。

正确的排布方向,才能使窗膜热成型,如图 19-14 所示。错误的窗膜排布方向,窗膜不会收缩,如图 19-15 所示。

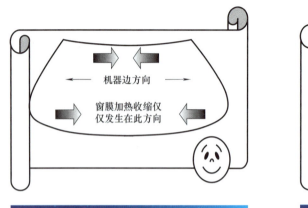

图 19-14　正确排布

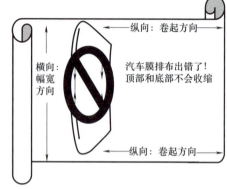

图 19-15　错误排布

19.3.5　粘贴车膜

(1) 清洗

再次清洗玻璃内侧,确保彻底洁净,如图 19-16 所示。

(2) 开膜

贴膜粘贴工序需要连续熟练,所以贴膜工艺开始之前,所有的准备工作需要做好。如果在贴膜过程中间断时间过长,容易造成贴膜粘上大量的灰尘或者贴膜发生黏附。

在把膜贴到玻璃前应分开车膜的保护层与膜体本身,分开方法为凭借舌尖和嘴唇的作用力,从一角分开膜与保护层,如图 19-17 所示。也可以用小刀轻轻拨开。一边分开保护层一边喷洒水雾,保证分开的部位不再粘在一起。

图 19-16　清洗玻璃内侧

图 19-17　分开保护层与膜体

注意:将分开的保护层卷成筒状保管好,可作为下次同款车型贴膜的模板,简化以后的贴膜过程。

（3）贴膜

把膜贴到玻璃上（膜面朝上玻璃，衬贴朝外），如图19-18所示。

（4）定位

向膜的衬贴上喷洒一层水雾，左右上下移动车膜，使之处于正确的位置，如图19-19所示。

图19-18 贴膜

图19-19 往衬贴上喷洒水雾

注意：喷洒水雾的目的是形成水膜，以便车膜在玻璃上可以移动便于定位。假如喷洒过多的水雾则会导致流挂，无法形成水膜，增加定位难度。

（5）刮水

膜与玻璃之间的水分（助贴剂）分别用橡胶刮板和塑料三角刮板刮出来，让窗膜迅速牢固地粘贴在玻璃上，如图19-20所示。

（6）修整

对局部仍有不贴合的地方，可按预成型的方法，用烤枪加热，使之完全吻合，如图19-21所示。

全面检测车膜上有无气泡、水珠或杂质颗粒，视情况进行处理。

图19-20 刮水

图19-21 烤枪加热

若某些拱起部位弧度过大，应将拱起部位分成几处小弧度的拱形分别进行加热，如图19-22所示。

（7）粘贴后挡风玻璃

方法与前挡风玻璃一样，如图19-23所示。

图19-22 对拱起弧度过大的加热

图19-23 粘贴后挡风玻璃

（8）粘贴侧挡风玻璃

如果侧挡风玻璃没有曲面或者曲面较小，可以省去烤膜定型环节，其他方法与前挡玻璃一样，如图19-24所示。

（9）切除余量

最后用刀将多余的膜割去，膜的大小以不遮盖住玻璃上的陶瓷小黑点为宜（侧窗玻璃膜的大小以比侧窗玻璃小3~4mm为宜），如图19-25所示。

图19-24 粘贴侧挡风玻璃

图19-25 切除余量

注意：一定要割直，且边缘应与玻璃边缘线保持平行，刀线平滑，以达到美观的效果。

19.3.6 清洁车辆

（1）擦洗车辆

当安装工作完成后，需要对所有车窗玻璃仔细地擦洗（内表面和外表面），去除条纹水迹和污迹，如图19-26所示，使整个汽车有一光亮的外观。

（2）仔细查看问题区域

气泡、水泡或微小的纤维沿某一边缘被排除。专用硬刮板即可排除大部分问题。

（3）收拾贴膜工具

将大小毛巾、门板保护膜拆除，贴膜座椅保护套收好，残膜整理干净。在施工车辆的升窗按钮上粘贴好升窗警示小贴纸，如图 19-27 所示。

图 19-26 擦洗车辆

图 19-27 升窗警示贴纸

19.3.7 车辆移交

① 汽车擦净后驶到室外，实现最后的视觉检查。

② 向前台交车，提示前台向客户解释质保流程和基本的保养和维护说明。必须提示客户三天之内不得升窗，等窗膜充分干燥粘贴后方可升窗，避免升窗导致的车膜翻卷和划损。

参 考 文 献

[1] 吴磊. 汽车车身与钣金件整形. 上海：同济大学出版社，2017.
[2] 吴兴敏等. 汽车涂装技术. 北京：人民邮电出版社，2015.
[3] 易建红. 汽车涂装基础. 北京：人民交通出版社，2017.
[4] 赵俊山等. 汽车钣金喷漆技术. 北京：北京理工大学出版社，2017.
[5] 彭小龙. 车身修复与涂装. 北京：机械工业出版社，2009.
[6] 周贺，陈明福. 汽车钣金与喷漆. 北京：北京理工大学出版社，2017.
[7] 赵俊山等. 汽车美容. 北京：人民交通出版社，2017.